O MISTÉRIO DOS NÚMEROS PERDIDOS

CB060364

Michael Thomson

O MISTÉRIO DOS NÚMEROS PERDIDOS

Uma aventura na matemática

Com problemas matemáticos de
Ann Power

Ilustrado por
Bryony Jacklin

Editora
Melhoramentos

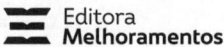

Editora Melhoramentos

Thomson, Michael
 O mistério dos números perdidos: uma aventura na matemática / Michael Thomson; ilustrações de Bryony Jacklin; [tradução Adazir Almeida Carvalho]. 2. edição. São Paulo : Editora Melhoramentos, 2011. (Números perdidos)

 Com problemas matemáticos de Ann Power.
 Título original: Number Quest
 ISBN 978-85-06-06290-6

 1. Matemática – Recreações, jogos. 2. Ensino de Matemática. I. Jacklin, Bryony. II. Carvalho, Adazir Almeida. III. Power, Ann. IV. Título. V. Série.

13/206   CDD 793

Índices para catálogo sistemático:

1. Ensino de Matemática na escola primária   372.7
2. Recreações, divertimentos – Matemática   793
3. Matemática – jogos recreativos   510

Michael Thomson, Ph.D., é psicólogo especialista em dificuldades de aprendizado, diretor-fundador da *East Court School*, escola especializada em crianças dislécixas. É autor de livros teóricos muito importantes sobre o assunto. Escreveu também vários livros para crianças com textos para todas as idades, inclusive livros de ortografia, jogos de memória e matemática.

Edição revisada conforme o Acordo Ortográfico da Língua Portuguesa

Título original em inglês: *Number Quest*
Tradução: Adazir Almeida Carvalho
Consultoria: Prof.ª Josimara Marchina Maia
Diagramação: Eduardo Bordallo
© 1991 Texto: Michael Thomson
© 1991 Ilustrações: Bryony Jacklin
Michael Thomson com problemas matemáticos de Ann Power
LDA, Duke Street, Wisbech, Cambs, PE13 2AE, Inglaterra

© 1996 Cia. Melhoramentos de São Paulo
© 2002, 2010 Editora Melhoramentos Ltda. Todos os direitos reservados.

2.ª edição, 12.ª impressão, março de 2022
ISBN: 978-85-06-06290-6

Atendimento ao consumidor:
Caixa Postal 169 – CEP 01031-970
São Paulo – SP – Brasil
Tel.: (11) 3874-0880
www.editoramelhoramentos.com.br
sac@melhoramentos.com.br

Impresso no Brasil

LEIA ISTO PRIMEIRO!

Você é o herói desta história de aventuras. Ao ler *O Mistério dos Números Perdidos*, estará participando de uma tentativa de usar o poder da matemática para desafiar RA, o terror da Pirâmide. Vai lutar contra o Canzarrão Multiplicador, travar conhecimento com a Múmia no Túmulo e salvar os Esqueletos Dançantes. Vai fazer as Aranhas Divisoras recuar, derrotará os Morcegos Parênteses e libertará as crianças do Gráfico.

Durante a aventura, você vai encontrar problemas numéricos e terá de resolvê-los. Pode acontecer de suas respostas precisarem ser checadas por seu professor ou que ele dê algumas respostas para você mesmo conferir se fez tudo certo. À medida que você avança, recebe dicas e também encontra coisas que o ajudarão.

No final deste livro, há uma página importantíssima: sua Lista de Equipamentos. Tire uma cópia, se precisar. Em sua história de aventuras, você vai encontrar coisas que o ajudarão. Será preciso anotá-las em sua Lista de Equipamentos. Anote, também, o número do equipamento, para que você possa encontrá-lo quando precisar dele. Se não tiver o equipamento certo, terá de voltar para encontrá-lo.

Para iniciar a aventura, comece pela parte da história com o número 1 no alto. No final de cada número, será explicado o que você terá de fazer em seguida: um outro número da história lhe será indicado ou você deverá decidir para que número quer ir. Algumas vezes você terá de resolver problemas com números antes de continuar.

O Mistério dos Números Perdidos é o segundo de dois livros. O primeiro chama-se *Em Busca dos Números Perdidos*. Agora, vá em frente.

BOA SORTE!

1

O *Mistério dos Números Perdidos* é a continuação do livro *Em Busca dos Números Perdidos*. Para você será melhor se tiver lido *Em Busca dos Números Perdidos*. Se o leu, ficou sabendo que alguém estava tentando dar sumiço nos Números do Mundo. Como personagem dessa primeira aventura, você atravessou um imenso deserto para descobrir quem participou de muitas peripécias com o Camelo Que Conta e outros amigos. E, finalmente, chegou à Pirâmide. O Dragão Malvado tinha entrado na Pirâmide e lhe disse que o patrão dele estava lá dentro. Você decifrou o Código que possibilita a entrada na Pirâmide e está de pé, na soleira da porta. Vai entrar na Pirâmide? Se não leu o livro *Em Busca dos Números Perdidos*, vá para o número **60**. Se leu, vá para o **24**.

2

Esta não é uma boa notícia! A Múmia agarra você. Um abraço dessa Múmia vai fazê-lo virar carne moída. Você sai correndo da sala e vai procurar o Sacerdote do Gráfico de Barras. Vá, primeiro, até o **83**, para achar o Sacerdote do Gráfico de Barras. Em seguida, volte para o **127**.

3

Os Esqueletos continuam dançando. A porta de pedra, pela qual você entrou, fechou-se novamente. Por aí, não vai mais poder sair. Em um dos cantos da sala, você vê um alçapão. No canto oposto, vê um portão de ferro. Você pode se dirigir para o alçapão – **19** – ou para o portão de ferro – **27**.

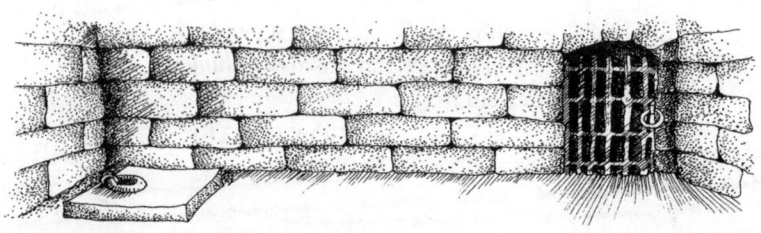

4

Você opta pelos degraus do lado esquerdo. Sobe por uma escada de pedra em caracol. Ela dá voltas e mais voltas. Finalmente, você vê a luz do dia no topo da escada. O mau cheiro fica mais forte. Vá para o número **87**.

5

Você dá um tranco na porta, mas ela não se abre. Você machuca o ombro. Volte para o **16** e tente de novo.

6

A moldura tomba, e o Globo fica quase solto. Você precisa fazer mais algumas somas para conseguir retirá-lo de lá. Faça as seguintes operações:

23 + 78 =   234 + 72 =   343 + 728 =

Continue tentando até que estejam todas corretas. Então, vá para o **68**.

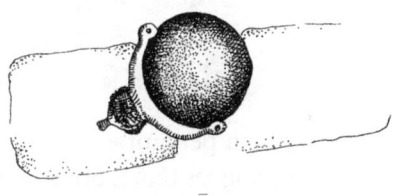

7

O Relógio do Tempo o ajudará com o Dragão. Você olha para o Relógio. Ele diz:

"O tempo de um dia pode ser expresso em dois períodos de 12 horas ou num período de 24 horas. As horas dos relógios digitais são escritas usando-se quatro números. Por exemplo, 06:20 é o mesmo que 6:20 da manhã, e 14:45 é o mesmo que 2:45 da tarde. Os dois-pontos separam as horas dos minutos. Com os relógios de 12 horas, você precisa saber se é antes do meio-dia ou depois do meio-dia".

Agora, vá para o **10**.

8

A Bruxa cacareja: "Ah! Você não vai conseguir fazer isso, aventureiro! Você terá de morrer".

Ela o ameaça com o Cetro. Trate de tirar, rapidinho, a média destes números: 12, 24, 30, 36, 48. Escreva a resposta na linha abaixo.
_____. Agora, vá para o **9**.

9

Se você acertou, dirija-se ao **71**. Se errou, a luz vermelha que emana do Cetro queima você. Que morte dolorosa!

10

O Dragão fica imóvel e olha para você. "Bem, humano", resmunga ele, "até aqui você se saiu bem. Agora, eu tenho alguns enigmas sobre horas para lhe propor."

É comum os Dragões fazerem perguntas enigmáticas. Elas podem ser muito divertidas, mas os Dragões têm mania de devorar as pessoas que não conseguem decifrar os enigmas que eles propõem. Você pode usar o Relógio do Tempo para ajudá-lo a decifrar os enigmas abaixo:

Escreva estas horas como as de um relógio de 24 horas:

    a) 6:00 da manhã _____
    b) 9:15 da manhã _____
    c) 3:07 da madrugada _____
    d) 2:54 da tarde _____
    e) 10:38 da noite _____
    f) meio-dia _____

Agora, mude estas para horas de relógio de 12 horas:

    g) 03:21 _____
    h) 16:38 _____
    i) 15:41 _____
    j) 00:30 _____
    k) 06:15 _____
    l) 11:59 _____

Confira suas respostas. Se estiverem corretas, vá para o **141**. Se cometeu erros, vá para o **15**.

11

Você estende a mão para apertar o botão. Ele está meio duro. Você aperta com mais força. De repente, começa a jorrar água da boca do Dragão. Você põe um pouco no seu cantil. A água é gostosa, fresca e límpida. Nesse momento, os olhos do Dragão se acendem. As joias irradiam uma luz vermelha. A luz dos olhos do Dragão brilha até o fundo da bacia. Será que há alguma coisa lá? Escolha de novo no **143** ou, se você já tiver a Tabela de Distâncias (verifique sua Lista de Equipamentos), tente descobrir o que há dentro da água – **34**.

12

Você sai do Túmulo da Múmia. Na verdade, ela não era tão má assim. Você faz uma curva fechada e segue por uma passagem que não tinha visto antes. Vá para o **13**.

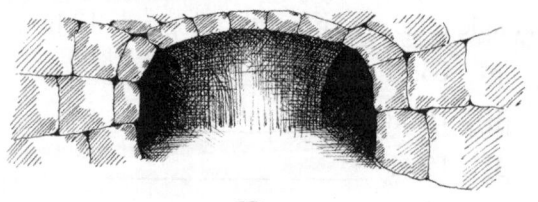

13

No fim, a passagem se divide. Forma um "T", com um caminho para a direita e outro para a esquerda. Se você quiser ir para a direita, vá para o **69**. Se quiser ir para a esquerda, vá para o **37**.

14

Você segue por uma das passagens e percebe que está perdido. Se não conseguir se localizar, vai se perder nos túneis e morrerá de fome (se a Múmia não alcançar você antes). Volte para o **138** e tente se orientar novamente.

15

"Hum! De relógios você não entende nada!", diz o Dragão. Trate de corrigir as respostas que deu para os enigmas no **10**, antes que seja tarde demais. O Dragão está com fome.

16

Você pode:

- tentar derrubar a porta – **5**
- pedir ao Papa-Números para triturá-la – **103**
- ir procurar uma moeda – **80**

17

Você caminha pela passagem. Logo em seguida, ela termina em uma rocha sólida. Esse não era o caminho marcado com 1.927! Volte para o **100** e escolha novamente.

18

Ih! Isso não é nada bom. O Canzarrão Multiplicador pode moê-lo com os dentes e, multiplicando seus ossos, espalhá-los por toda a caverna. Volte para o **112** e faça os cálculos corretamente, se não quiser que sua aventura termine aqui.

19

Você abre o alçapão e vê uma escada que desce para um buraco escuro. Você desce para dar uma espiada e vê alguns ossos. Há, também, alguns números espalhados pelo chão. Não parecem ter nenhuma importância. Foram jogados fora pelos Esqueletos. Você sobe de volta pela escada e vai dar uma olhada no portão de ferro – **27**.

20

Se você escreveu "sete" ou "7", vá para o **53**. Se escreveu "77" ou "setenta e sete", vá para o **30**. Se escreveu qualquer outro número, vá para o **134**.

21

O Sacerdote do Gráfico de Barras estende as mãos. Ele usa a Magia do Sétimo Filho. "Pelo número sagrado, 77, ordeno a você que pare! RA o induziu a fazer isso. Eu livro você do feitiço dele."

Uma chama azul sai dos dedos do Sacerdote. A Múmia balança a cabeça, como se compreendesse tudo. Há muito, muito tempo, ela permanece trancada nesta salinha. A Múmia concorda em deixar as crianças saírem, se você ajudá-la a se mudar para uma sala maior.

Você dá uma olhada nas salas em volta do Túmulo da Múmia e terá de calcular o tamanho delas. Você precisa descobrir qual das salas é a maior. Verifique sua Lista de Equipamentos. Você tem a Explicação sobre Áreas? Se tiver, vá para o **51**. Se não tiver, vá para o **102**.

22

Os Esqueletos não estão nada contentes. Eles não deixarão você sair, até que compre alguma coisa. Se não comprar nada, terá de ficar aqui e assistir à Dança dos Números pelo resto de sua vida. Vá para o **113**.

23

Você vai precisar de um calendário para este enigma. E tem de ser o calendário deste ano. Talvez tenha de conseguir um, na escola ou em casa. Anote este número (**23**). Vá, então, procurar um calendário deste ano. Quando tiver feito isso, volte para cá, ou vá para o **26**.

Você já tem o calendário deste ano? Se tiver, vá para o **26**.

24

Ao entrar, você sente forte cheiro de mofo e vê que as paredes estão enegrecidas. Elas foram queimadas pelas chamas do Dragão. Você está em uma ampla sala. É a antecâmara da Pirâmide. A sala é iluminada por uma luz estranha.

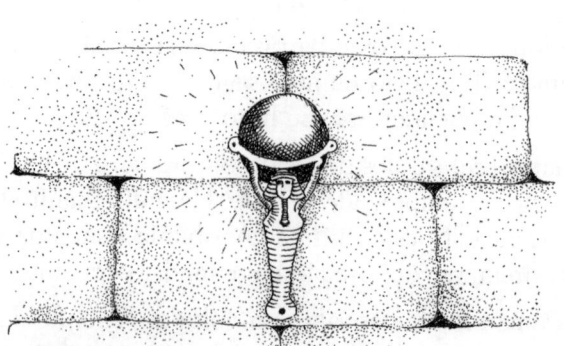

Olhando para cima, você vê um globo brilhante, no alto da parede. Ele está preso por uma moldura de metal. É o Globo da Luz Perpétua. Ele continuará brilhando enquanto você estiver fazendo suas tarefas com números. Você vai precisar dele para explorar a Pirâmide. Vá para o **25**.

25

Como é que você vai tirar o Globo da parede? Você vê alguns números na parede, próximos à moldura de metal. Um grupo de números diz 4 + 7. Quem vai ajudá-lo? Escolha um dos seus amigos do livro *Em Busca dos Números Perdidos*.

- A Cobra Calculadora – vá para o **46**
- O Papa-Números – vá para o **85**
- O Camelo Que Conta – vá para o **106**

26

Você precisa ter o calendário deste ano. Se tiver, continue lendo e use o calendário quando precisar. Se não, vá para o 23.

O Dragão diz: "Ora, se você sabe tanto sobre Tempo, responda a estas perguntas".

a) Quantos meses tem um ano? _____

b) Escreva os nomes dos meses que têm 30 dias. _____

c) Escreva os nomes dos meses que têm 31 dias. _____

d) Qual mês você não escreveu? _____

e) Quantos dias tem um ano? _____

f) Quantos sábados há em abril? _____

g) Qual é a data do Natal? _____

Em que dia da semana cai o Natal deste ano? _____

h) Quantos dias há entre o dia do Ano-Novo e o domingo de Páscoa? _____

i) Quantos dias há nos três últimos meses do ano? _____

j) O Dragão sai para uma queima de 15 dias na cidade, que começa no dia 10 de agosto. Em que data ele retorna? _____

k) RA planeja destruir todos os Números do Mundo uma semana depois da próxima segunda-feira. Que dia será esse, e quanto tempo você terá entre hoje e essa data para impedir que isso aconteça? _____

Agora, confira as suas respostas. Se você acertou tudo, vá para o **35**. Se cometeu erros, peça ajuda a alguém e reveja as perguntas. Quando todas as respostas estiverem corretas, continue.

27

Você se aproxima do portão de ferro. Ele está fechado e trancado. O buraco da fechadura tem a forma de um crânio. Você tem as Chaves de Esqueletos? Verifique sua Lista de Equipamentos. Se tiver, vá para o **38**.

Se não tiver, anote este número (**27**) e vá para o **115**.

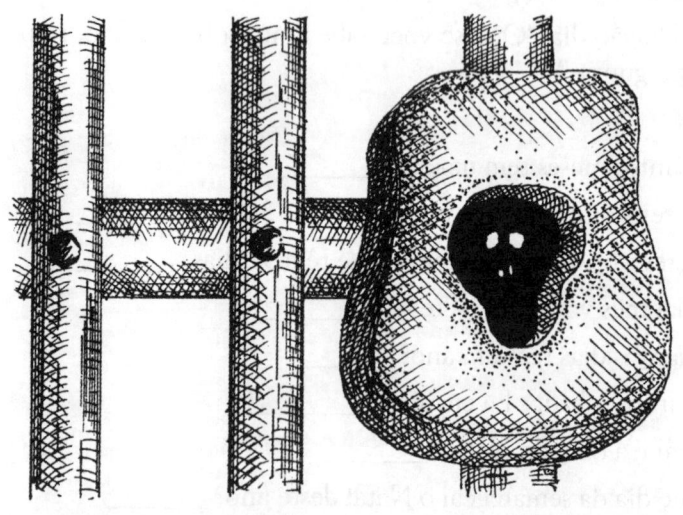

28

Você deverá ter escrito, pelo menos, cinco razões. Talvez precise verificar se elas são, realmente, maneiras de usar matemática. Se tiver acertado, vá para o **29**.

29

"Espere aí", diz a Múmia, "talvez você precise disto para ajudá-lo." Ela vai até um baú que está no chão e tira dele dois pedaços de madeira curvos. São os Bumerangues Parênteses. Anote-os em sua Lista de Equipamentos. Você agradece à Múmia e vira-se para sair – vá para o **12**.

30

Você diz: "O mágico e mais velho número desde o tempo dos faraós é o 77". Os Sacerdotes fazem um sinal de aprovação com a cabeça, mas dizem: "Certo, mas e o Gráfico?".

Eles levam você para o outro extremo da sala. Você vê um enorme gráfico (ou histograma) na parede. Você terá de usá-lo para responder às perguntas que os Sacerdotes do Gráfico de Barras lhe fizerem.

As habilidades matemáticas favoritas das crianças da vila

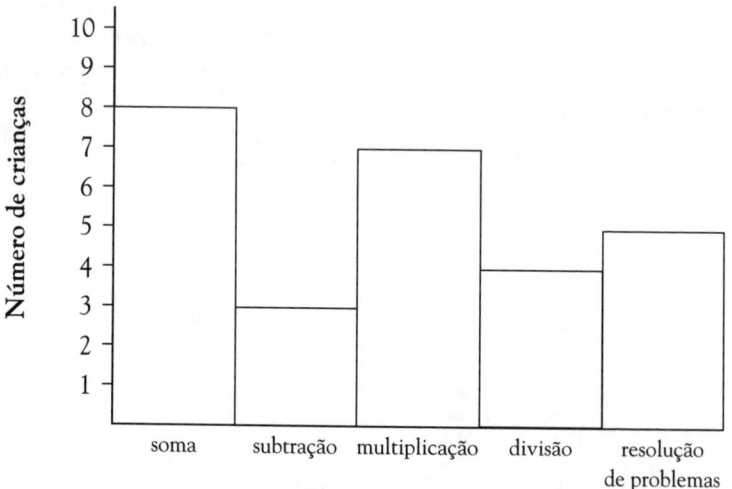

Os sete Sacerdotes do Gráfico de Barras dizem: "O gráfico mostra as habilidades matemáticas de que as crianças da nossa vila mais gostam. Cada criança gosta de apenas uma coisa". Agora, responda a estas perguntas:

a) Quantas crianças gostam de multiplicação? _____
b) Quantas crianças gostam de resolução de problemas? _____
c) Ao todo, quantas crianças gostam de soma e subtração? _____
d) Quantas crianças preferem multiplicação à subtração? _____
e) Ao todo, quantas crianças há na vila? _____
f) Há 15 meninos na vila. E meninas, quantas há? _____
g) Multiplique o número de crianças que gostam de subtração pelo número de crianças que gostam de multiplicação. Qual é o resultado? _____

Agora, confira suas respostas. Se você acertou todas, vá para o **43**. Se cometeu erros, vá para o **31**.

31

Os Sacerdotes não estão nem um pouco contentes. Você terá de voltar e responder tudo corretamente, se não quiser acabar no **134**!

32

Com um golpe certeiro, você racha a outra cabeça. Agora, o Canzarrão tem quatro cabeças, todas tentando abocanhá-lo. Essa não foi uma boa ideia. O melhor é voltar para o **91**, ou acabará fazendo um cão de cem cabeças!

33

Você opta pelos degraus à direita e sobe por uma escada de ferro em espiral. Ela dá voltas e mais voltas. Parece não ter fim. Finalmente, você vê a luz do dia no alto dos degraus. O mau cheiro fica mais forte. Vá para o **87**.

34

Você coloca a mão dentro da água. Imediatamente, pensa em recolher a mão. Pode haver algo imundo lá dentro! Então, seus dedos tocam em alguma coisa comprida e fina. É uma espécie de cabo. Você pode puxar o cabo para ver o que acontece – **40** – ou voltar para procurar outro caminho para continuar – **62**.

35

O Dragão dá mostras de estar bastante contrariado. Ele começa a tremer e a rolar pelo chão. Verifique sua Lista de Equipamentos. Você tem a Espada do Tempo? Você pega a Espada e começa a golpear o ar com a lâmina dela. O Dragão ruge de raiva e tenta expelir números em meio a uma labareda. Você enfia a Espada no corpo do

Dragão e ele desaparece. Você mandou o Dragão para outra dimensão. Ele voltará a existir em outro tempo. Você derrotou o Dragão! De repente um rugido de despeito sacode a Pirâmide. RA sentiu seu Dragão desaparecer no Tempo. Ele está furioso, agora. Você precisa encontrar o Covil dele. Você pode voltar escada abaixo – **39** – ou ir examinar uma pequena abertura, na fachada da rocha, localizada atrás do Esconderijo do Dragão – **45**.

36

Você pega o Compasso e anota Compasso em sua Lista de Equipamentos. Você se pergunta de quem teria sido esse corpo. Tapando o nariz, você dá o fora. Não dá para suportar o mau cheiro! Vá para o **41**.

37

Você segue pela passagem do lado esquerdo. Pouco depois, chega a uma entrada. Uma enorme porta de carvalho jaz no chão, em pedaços e esmagada, como se tivesse sofrido o impacto de uma grande força. Você entra na sala. É a Sala do Trono.

Espalhadas por toda a sala, você vê arcas de madeira. Algumas delas foram arrombadas. Ouro, prata e joias estão espalhados pelo chão. A Sala do Trono é onde o Tesouro ficava guardado. RA foi sepultado aqui. Todas as riquezas de RA foram postas na Pirâmide junto com ele.

No exato momento em que você se abaixa para pegar uma joia, ouve uma voz dizer: "Mais devagar, ladrão de túmulos!".

Seu coração dispara. A voz veio do Trono. Você se vira, com a certeza de que RA estará sentado nele. Mas... o Trono parece vazio! Daí, forçando a vista, à meia-luz, você começa a enxergar um vulto. E logo vê que é uma velha. Ela é minúscula, mas fita você com uns olhos pretos e penetrantes. "Não", diz ela, "eu não sou RA, mas conservo o Cetro dele em meu poder".

A velhinha levanta uma vara comprida, na qual estão impressos números e outros sinais. Ela é a velha e mesquinha Bruxa da Média, a quem RA encarregou de guardar seu tesouro.

Se você quiser algumas moedas, terá de calcular a média do dinheiro e das riquezas que estão no Túmulo. Se conseguir fazer isso, você também destruirá a Bruxa.

A Bruxa aponta o Cetro em sua direção. Uma luz vermelha se projeta sobre você. Quais são as duas coisas que poderão ajudá-lo? Verifique sua Lista de Equipamentos e anote duas coisas que poderiam auxiliá-lo. Depois, vá para o **52**.

38

Você pega as Chaves de Esqueletos. Uma delas serve no portão. Ele está meio emperrado, mas, com um empurrão, você consegue abri-lo. Você descobre que está em uma caverna. E como cheira mal! Percebe que é uma caverna habitada por morcegos, mas, no momento, eles não estão lá.

Você já ia embora, quando vê, no canto da caverna, o brilho de alguma coisa de metal no meio de uma pilha de cocô de morcego. Você pode se aproximar para ver o que é a tal coisa – **55** – ou ir em frente para o **66**.

39

Você volta, descendo pelos degraus, até onde estão os Esqueletos. Eles ainda estão dançando. Depois de algum tempo, você percebe que não há jeito de sair daí. Então, volta, subindo pelos degraus. Vá para o **45**.

40

Você puxa o cabo. Os olhos do Dragão param de brilhar. Parece que nada vai acontecer além disso. Mas, logo em seguida, você ouve um rangido e uma porta se abre lentamente, perto de você. Você sente um cheiro de morte e decomposição. Esse é o único caminho para a frente; não lhe resta outra alternativa senão entrar.

Você chega a uma salinha, com uma porta de saída. No meio da salinha há uma mesa baixa, de pedra. Sobre a mesa, vê-se a forma de um corpo, envolto em tiras de tecido já meio esfarrapadas. É uma Múmia. Uma pessoa está sepultada aí, enrolada em panos. Parece que a Múmia não está bem conservada. O corpo está se deteriorando!

Em uma das mãos da Múmia, você vê o brilho de metal. Ao se aproximar da Múmia, algo cai no chão. Você vê duas hastes de metal com extremidades pontiagudas. As hastes estão ligadas por uma dobradiça. É um Compasso. Você pode pegá-lo – **36** – ou ir em frente – **41**.

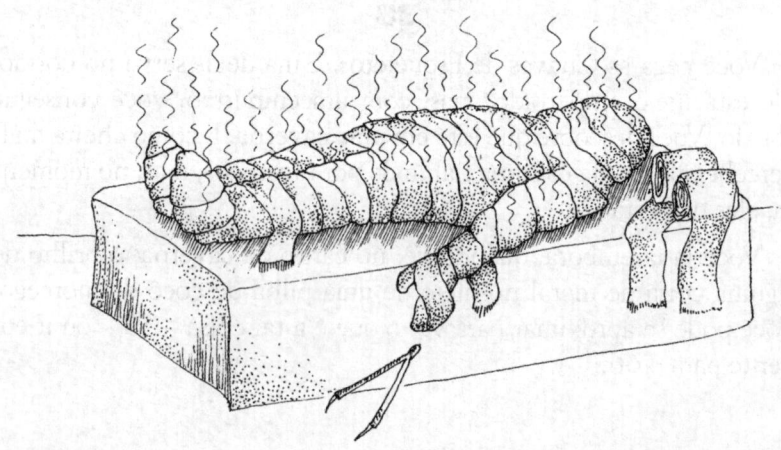

41

Você sai da sala. A sala seguinte é enorme; tão grande que o Globo da Luz Perpétua não consegue iluminar todas as paredes para que você as veja. O ambiente é escuro e triste. Você aguça os ouvidos... Que ruído é esse? Alguma coisa está arranhando o chão, ou esse é o ruído de uma porção de pezinhos sobre a pedra?

Aos poucos, você começa a enxergar formas escuras movendo-se da escuridão para a luz do Globo que está em sua mão. Aranhas, do tamanho de um prato de sobremesa, precipitam-se em sua direção. Quando olhadas de frente, as Aranhas têm o jeitão de um compasso meio aberto. O Canzarrão Multiplicador salta sobre elas, mas elas são muitas. São as Aranhas Divisoras. Sua única esperança é afugentá-las fazendo algumas divisões com bastante clareza. Você tem o Compasso? Se tiver, você pode ir para o **42**. Se não tiver, terá de ir para o **36**, para consegui-lo.

42

Você terá de fazer estas divisões para rechaçar as Aranhas Divisoras. Você pega o compasso e, com ele em riste, consegue conter as Aranhas. Você ouve uma voz dizer:

Divisão por um único algarismo. 411 dividido por 3 é escrito assim:

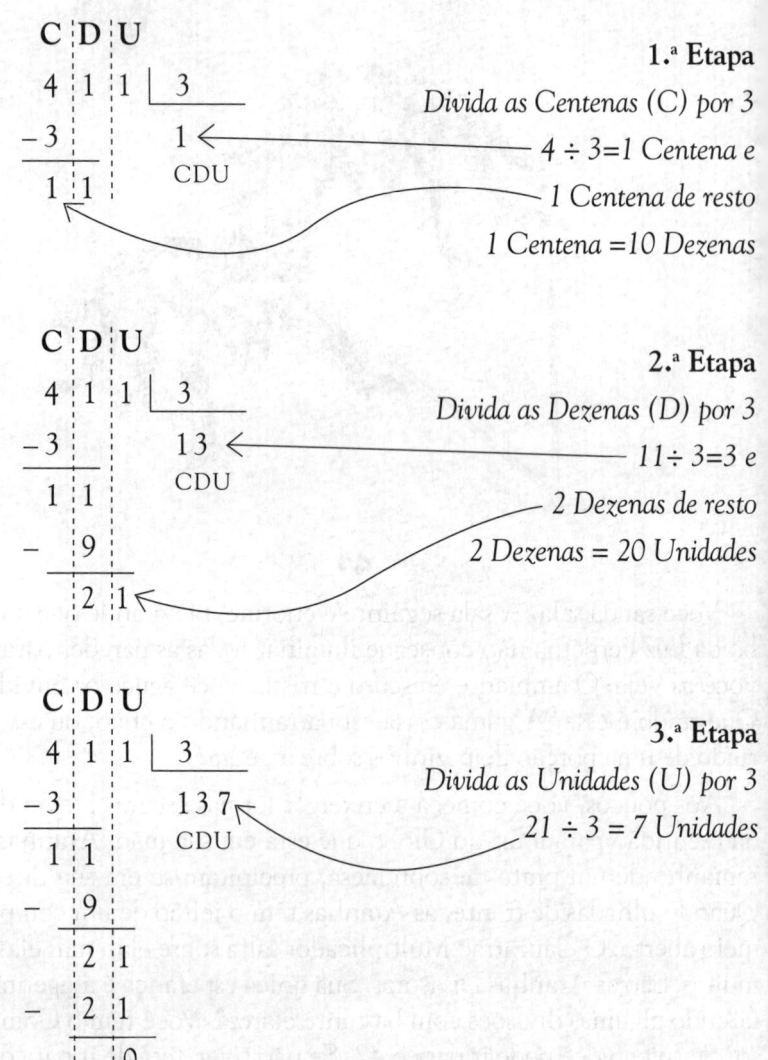

Agora, faça estas operações. Algumas delas foram escritas tanto em palavras como em números. Escreva como é a operação antes de tentar fazê-la. Todas elas são divisões por um único algarismo!

a) 468 2 |⎯⎯⎯

b) 258 3 |⎯⎯⎯

c) Há 735 aranhas. Você decide que vai separá-las em 3 grupos. Escreva que operação vai fazer e, depois, a resposta.

Operação:_____ Resposta:_____

d) 833 7 |⎯⎯⎯

e) Sobraram 6 aranhas. As outras foram afugentadas. O Canzarrão Multiplicador decide multiplicá-las! Por quanto ele terá de multiplicá-las para conseguir 354 aranhas? Escreva a operação que terá de fazer e, depois, a resposta.

Operação:_____ Resposta:_____

Se suas respostas estiverem corretas, vá para o **81**. Se cometeu pelo menos um erro, volte para o **139**.

43

Um dos homenzinhos dá um passo à frente. Ele alcança só até a altura do seu queixo e é magrinho e pálido. Não obstante, certo poder o envolve. Ele fala: "Eu sou o sétimo filho de um sétimo filho. Eu tenho o poder do 77.º. Você deve ser o Escolhido que nos foi prometido!".

Daí, ele passa a contar a você que RA, um ente malvado, apoderou-se da Pirâmide. Há muitos e muitos anos (no tempo dos faraós), somente os Sacerdotes do Gráfico de Barras moravam na Pirâmide. Eles podiam se dedicar a experimentar novas ideias em matemática. Agora, RA está obrigando os Sacerdotes a queimarem números e livros de matemática. RA tomou as crianças deles e aprisionou-as no Túmulo da Múmia. (Essa é a ideia que RA tem de uma brincadeira – uma Múmia para as crianças.) A Múmia matará as crianças se os Sacerdotes não obedecerem às ordens de RA. Vá para o **44**.

44

O Sacerdote do Gráfico de Barras pede ajuda a você. Você pode concordar em ajudar – **83** – ou dizer que não quer correr o risco de ser morto por uma Múmia – **95**.

45

Você espia por uma fresta na fachada da rocha e vê que há uma caverna ali. A caverna tem chão arenoso. A areia parece ser bastante profunda. O telhado da caverna é alto e amplo. As paredes se estreitam em direção ao solo, de modo que a área do piso é menor do que a área do teto. A sala tem a forma de um cone invertido. Escolha qual das formas abaixo é assim e escreva o nome de cada uma delas.

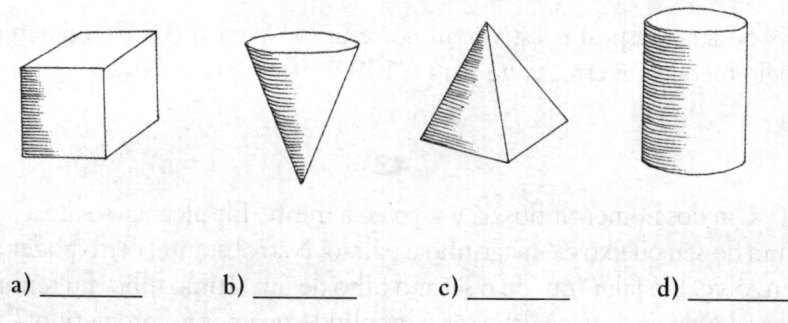

a) _____   b) _____   c) _____   d) _____

Agora, vá para o **56**.

46

A Cobra Calculadora continua com você. Por ser pequena, ela pode ficar enrolada e fora de perigo. Ela pode ajudá-lo neste caso. Você soma 4 + 7. A moldura do Globo tomba. Se for capaz de somar todos os números, o Globo vai se desprender. Fica mais fácil se você escrever as somas em um pedaço de papel assim:

$$\begin{array}{r} 4 \\ + 7 \\ \hline \end{array}$$

A primeira soma já foi feita:

4 + 7 = 11   12 + 6 =   56 + 73 =   123 + 45 =
3 + 6 =   17 + 2 =   21 + 54 =   78 + 27 =
4 + 2 =   38 + 7 =   52 + 36 =   45 + 326 =

Confira suas respostas. Se estiverem certas, vá para o **68**. Se você cometeu algum erro, vá para o **6**.

47

Você entra na caverna. Imediatamente, a Areia começa a se mover. Você afunda até os joelhos. Então, a Areia parece escoar pelo chão da caverna. Você é levado pela Areia e tenta se agarrar na parede da caverna. Tarde demais! Em meio a uma torrente de areia, você cai em direção a um buraco no chão da caverna! Vá para o **48**.

48

A Areia leva você com ela. Você se precipita pelo buraco, como se estivesse indo corredeira abaixo. Passa por um tubo de pedra, estreito, que depois se alarga. Você é atirado sobre uma pilha de Areia. Esta sala é semelhante a um cone, com a parte certa para cima! Você veio do alto de uma gigantesca Ampulheta até o fundo dela. A Areia passou de um cone para o outro. É a Areia do Tempo. O Tempo está se esgotando. Você terá de acabar com RA logo.

Então, você começa a sentir alguma coisa estranha. Parece que está se esquecendo dos números. A Areia do Tempo pode fazê-lo esquecer. RA está tentando derrotá-lo, pela última vez. Você começa a se esquecer do motivo que o trouxe até aqui. Terá de fazer alguma coisa antes que esqueça e fique perdido no Tempo. Vá para o **54**.

49

Você decide usar a Espada contra o Canzarrão. Pega a Espada e, quando o Canzarrão investe contra você, golpeia a cabeça esquerda dele. Na mesma hora, aparecem duas cabeças onde só havia uma! O Canzarrão tem, agora, três cabeças. A Espada, na verdade, multiplica as coisas. Não é disso que você precisa. No momento em que pensa em voltar correndo, a Espada começa a brilhar e novas palavras aparecem nela. Eis o que está escrito:

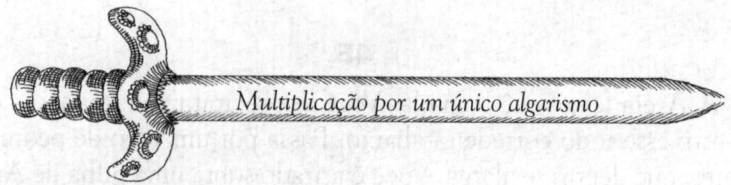

Multiplicação por um único algarismo

Você brande a espada de novo. Mais algumas palavras e números aparecem nela.

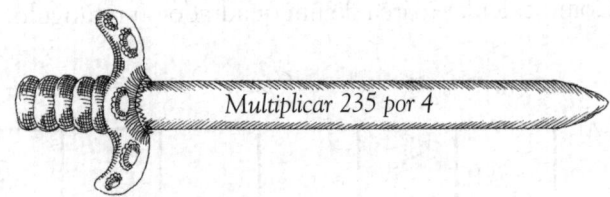

C D U   a) *Multiplique as Unidades 4 x 5 = 20*
   ②   *(2 Dezenas 0 Unidade)*
2 3 5
  × 4
———
    0

C D U   b) *Multiplique 4 x 3 = 12*
① ②   *12 Dezenas + 2 Dezenas = 14 Dezenas*
2 3 5   *(1 Centena 4 Dezenas)*
  × 4
———
  4 0

C D U   c) *Multiplique 4 x 2 = 8 Centenas*
① ②   *8 Centenas + 1 Centena*
2 3 5   *= 9 Centenas*
  × 4   *(9 Centenas 4 Dezenas 0 Unidade)*
———
9 4 0

Você pode usar isto para atacar o Canzarrão – vá para o **91** – ou pode continuar combatendo com a Espada – **32**.

50
Explicação sobre Áreas

Como calcular a área de um quadrado ou retângulo.

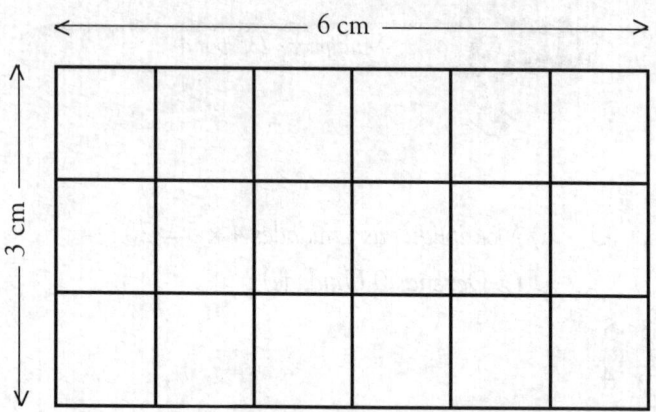

Área = comprimento × largura = 6 cm × 3 cm = 18 cm²

Esta é uma forma composta:

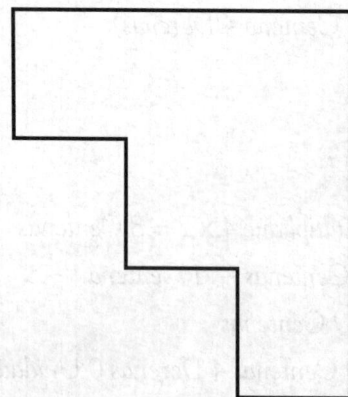

Para achar a área de uma forma composta, dividimos a forma em retângulos.

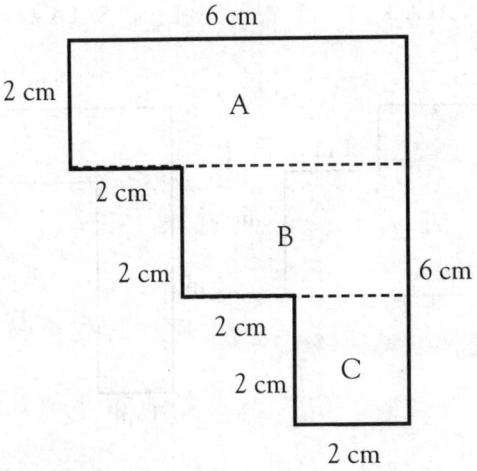

Área de A = 6 cm × 2 cm = 12 cm²

Área de B = 4 cm × 2 cm = 8 cm²

Área de C = 2 cm × 2 cm = 4 cm²

Área total A + B + C = 24 cm²

Notas:

a) cm é a abreviatura de centímetro.

b) cm² é a abreviatura de centímetro quadrado.

51

As salas têm o feitio das formas abaixo. Ache as áreas dessas formas. Elas não estão desenhadas em escala. Você pode usar a Explicação sobre Áreas, no número 50, para auxiliá-lo.

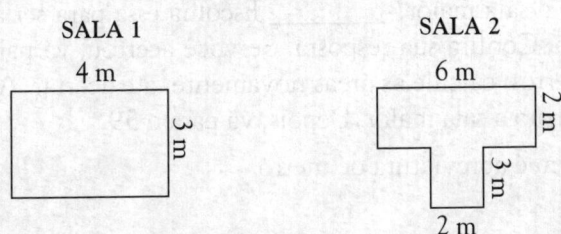

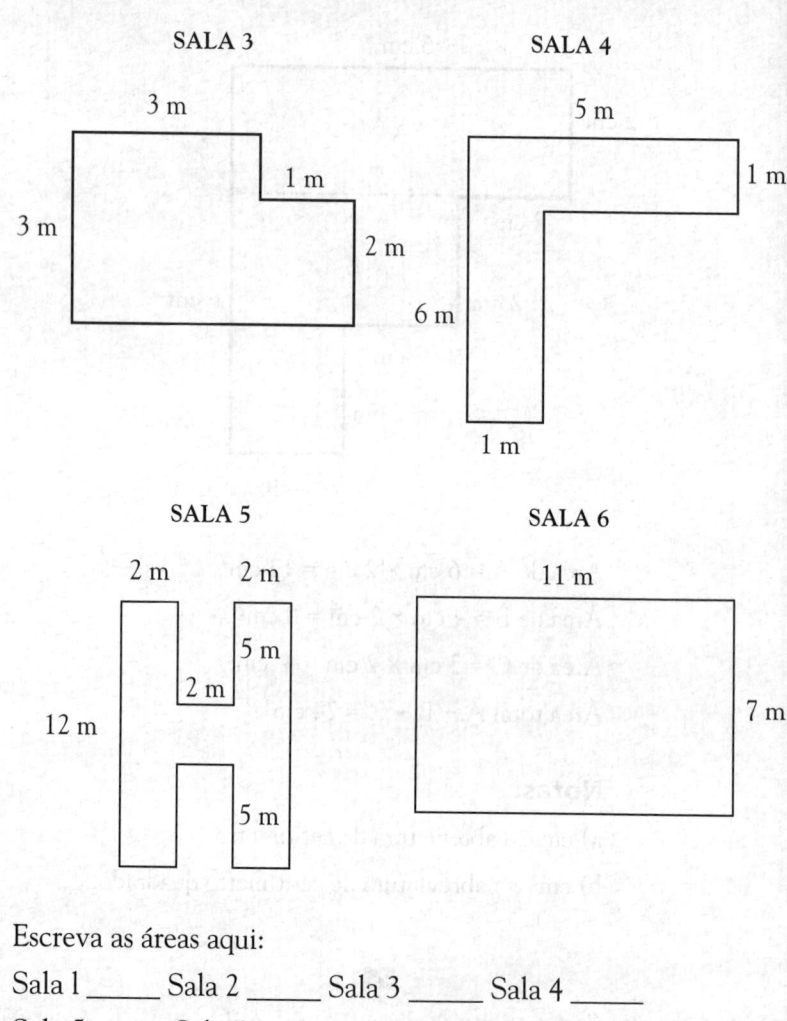

Escreva as áreas aqui:

Sala 1 _____ Sala 2 _____ Sala 3 _____ Sala 4 _____
Sala 5 _____ Sala 6 _____

Qual é a sala maior? _____ Escolha essa para ser a nova sala da Múmia. Confira sua resposta. Se você acertou, vá para o **59**. Se cometeu erros, calcule as áreas novamente, até acertar. A Múmia só poderá ir para a sala maior. Depois, vá para o **59**.

Nota: m é abreviatura de metro.

52

Algumas coisas poderiam ajudar. As melhores coisas são a Cobra Calculadora, porque ela é capaz de somar os números, e o Camelo Que Conta, porque pode ajudar você a dividir. Para calcular a média de 2, 3 e 10, você soma esses números (2 + 3 + 10 = 15). Como são três números, você divide o resultado por três (15 ÷ 3 = 5).

a) Ache a média destes números:

4, 2, 10, 8 _____

b) Quatro dos sacos com moedas abriram-se ao cair no chão. Você espia dentro deles e vê que eles têm as seguintes quantias: R$ 10,00, R$ 15,00, R$ 25,00 e R$ 50,00. Calcule a quantia média existente nos sacos.

_____

c) A Bruxa emite cinco jatos de luz vermelha. Ela usa a luz para derreter o metal das moedas. Para derreter um saco de moedas são necessários os seguintes períodos de tempo: 25 segundos, 27 segundos, 29 segundos, 32 segundos e 22 segundos. Qual é a média de tempo para os jatos de luz derreterem as moedas?

_____

d) Você vê que a Bruxa tem três vassouras. Elas têm 135 cm, 129 cm e 141 cm de comprimento. Quanto você acha que mediria uma vassoura cujo comprimento fosse a média dos comprimentos dessas três vassouras?

_____

e) Você percebe que mais alguns sacos caíram no chão e estão abertos. Desta vez, você conta o número de moedas. Descobre que os sacos têm o seguinte número de moedas: 48, 50, 51, 47, 54, 50. Ache o número médio de moedas nos sacos.

_____

Agora, confira suas respostas. Se todas estiverem corretas, vá para o **71**. Se você cometeu algum erro, vá para o **8**.

53

Você diz "sete". Pelo jeito dos homenzinhos, você percebe que isso pode ser parte da resposta, mas que ela ainda não está totalmente certa. Volte para o **20** e escolha um dos outros números lá.

54

Você pode:

- tentar sair da Areia – **61**
- tentar encontrar alguma coisa que o ajude na Areia – **72**
- resolver um problema da Areia do Tempo – **58**

55

Você se dirige para um canto da caverna. O mau cheiro, aí, é ainda pior. Todo o chão da caverna está coberto de cocô de morcego. No meio da sujeira, você vê o brilho de uma haste de metal, comprida. Pede ao Papa-Números para pegá-la para você. Ele fica completamente transtornado. O Canzarrão Multiplicador finge que não ouve. No fim, você mesmo é quem tem de desenterrar a haste.

Você encontra ossos antigos no chão. São de outro aventureiro. Você fica imaginando como ele teria morrido. Nos ossos da mão dele, você encontra a haste de metal. Para limpá-la, usa um pedaço do trapo dentro do qual você está carregando os itens dos Esqueletos. A tal haste de metal acaba se revelando uma espada, na qual está escrito:

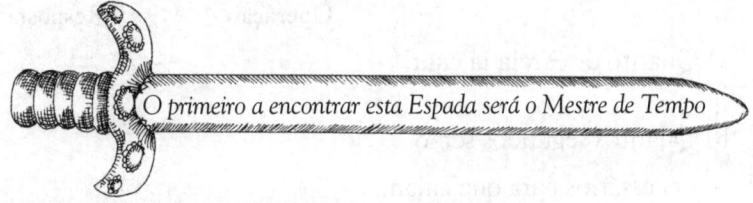

O primeiro a encontrar esta Espada será o Mestre de Tempo

Anote Espada do Tempo em sua Lista de Equipamentos, amarre a Espada nas costas e vá para o **66**.

56

Você deverá ter escrito:

a) cubo

b) cone

c) pirâmide

d) cilindro

Confira suas respostas e, em seguida, vá para o **47**.

57

O caminho termina em um maciço de pedra. Este não é o caminho marcado com 1.927! Você não pode passar. Vá para o **100** e escolha novamente.

58

Você terá de resolver o problema da Areia do Tempo. Você tem a Mensagem do Sumo Sacerdote dos Números? Verifique sua Lista de Equipamentos. Se não tiver a Mensagem, dê uma olhada na Areia no **72**.

Aqui está o problema:

A Areia cai à razão de 125 gramas (g) por segundo. Já está caindo há 14 segundos. Você terá de descobrir o que o problema está pedindo. Escreva a operação que terá de fazer para cada pergunta. Em seguida, escreva a resposta.

                                    Operação   Resposta

a) Quanto de Areia já caiu?

b) Quantos segundos serão necessários para que caiam 5.000 gramas?

c) Se, para começar, houvesse 5.000 gramas de Areia, depois de 14 segundos, quanto restaria?

Verifique se suas operações estão corretas e, em seguida, se as respostas também estão corretas. Se cometeu algum erro, peça ajuda a alguém. Depois, vá para o **65**.

59

A Múmia está muito satisfeita com sua nova sala. Ela mostra para você uma portinha encaixada na parede. As crianças vêm sendo mantidas escondidas dentro de uma pequena caverna. Elas ficam muito contentes ao ver você. A Múmia diz ao Sacerdote do Gráfico de Barras que ele pode levar as crianças. Todos saem juntos. O Sacerdote lhe deseja boa sorte em sua Busca para encontrar RA.

"RA!? Você vai procurar RA?", a Múmia grita. "Foi ele quem me fez reter as crianças." Você explica que quer encontrá-lo para impedir que ele leve embora toda a matemática.

A Múmia coça a cabeça. "Que há de errado em levar embora a matemática?", pergunta ela. Você pode explicar isso no **63** ou encolher os ombros e prosseguir com sua Busca – **12**.

60

Se você ler *Em Busca dos Números Perdidos*, isso vai ajudá-lo. Consiga um exemplar desse livro! Se quiser continuar *O Mistério dos Números Perdidos* sem ter lido *Em Busca dos Números Perdidos*, vá para o **24**.

61

Você tenta subir para sair, mas não consegue. A Areia continua deslizando e levando você de roldão. Volte para o **54** e tente novamente.

62

Você refaz o caminho de volta pela passagem. Verifica as contas dos cinco caminhos. Tenta os outros quatro caminhos, mas nenhum deles tem saída. Você terá de voltar, para encontrar um jeito de continuar – **143**.

63

Você tenta explicar para a Múmia por que precisamos da matemática e dos números. Escreva o maior número possível de ideias ou razões que lhe ocorrerem. Pense nas razões pelas quais, diariamente, precisamos de números ou de matemática e nos tipos de ocupação que exigem o uso dos números e da matemática.

Quando tiver escrito todas as razões de que se lembrar, vá para o **28**.

64

Você deixa o Cetro no chão e se prepara para sair da Sala do Trono. Vá para o **82**.

65

Muito bem! Você resolveu o problema da Areia do Tempo. Toda a Areia se escoa por um outro buraco. Esse buraco é pequeno demais para você passar por ele. Quando a Areia desaparece, você vê o vão de uma porta, em um dos lados da caverna em forma de cone. Vê também uma janelinha no outro lado da caverna. Você pode sair pela porta – **72** – ou examinar a janela – **101**.

66

Você vê que a caverna tem uma saída lá no fundo. Corre para lá, tapando o nariz. O mau cheiro está se tornando insuportável! Você penetra em uma passagem alta e comprida. Ao caminhar pela passagem, ouve os guinchos estridentes dos morcegos. É pena que os morcegos da Pirâmide não sejam amáveis! RA os transformou em Morcegos Parênteses. Eles são malvados e estão vindo para cima de você! Você terá de se livrar deles.

Verifique sua Lista de Equipamentos. Você tem os Bumerangues Parênteses? Se tiver, vá para o **67**. Se não tiver, vá para o **140**.

67

Você pode atirar os Bumerangues Parênteses contra os morcegos, para afugentá-los, mas, antes que possa usá-los, terá de fazer as operações a seguir.

Faça, primeiro, a operação indicada entre parênteses!

a) $(24 \times 3) - 15 =$
b) $67 - (44 \div 11) =$
c) $(68 + 24) \div 4 =$
d) $(35 \times 10) - 55 =$
e) $7 \times (12 - 5) =$
f) 18 dos Morcegos voam em direção ao teto e 9 deles, então, desviam-se, voando para a passagem. Quantos sobram? A esse grupo vem se juntar outro, 7 vezes maior. Escreva a operação que precisa fazer, usando parênteses para a primeira parte.

Operação =

g) $(90 - 5) \times 100 =$
h) $121 \div (21 - 10) =$
i) $(5 + 7) \times (4 - 2) =$
j) De repente, 12 Morcegos avançam sobre você. Daí, 3 deles desviam-se em direção ao Papa-Números. Outros 8 morcegos vão para o lado do Canzarrão Multiplicador. Ele espanta 5 desses. Divida o número de morcegos que ainda estão avançando sobre você pelo número de morcegos que ainda estão avançando sobre o Canzarrão. Escreva a operação com parênteses e, depois, a resposta.

Operação =

Agora, confira suas respostas. Se você acertou todas, vá para o **79**. Se cometeu erros, faça as operações novamente, até que estejam todas corretas (peça ajuda a alguém se for necessário). Então, vá para o **79**.

68

Finalmente, o Globo se desprende e você o pega. A Cobra Calculadora, achando que você conseguiu isso graças à ajuda dela, fica toda cheia de si. O Globo da Luz Perpétua vai iluminar o seu caminho dentro da Pirâmide. Anote Globo em sua Lista de Equipamentos. Então, vá para o **74**.

69

Você segue pelo atalho da direita. Logo adiante, vê algo brilhando no chão. Você chega mais perto e vê que é um osso. E um osso humano! Continuando pela passagem, vê mais e mais ossos humanos. O que será que há no fim da passagem?

Finalmente, você chega ao fim. Aí vê uma porta de pedra. Ela está trancada. Ao lado da porta há uma pequena fenda, igualzinha à abertura para moedas das máquinas papa-níqueis. Talvez a fenda seja para isso mesmo. Verifique sua Lista de Equipamentos. Se você tiver uma Moeda, vá para o **104**. Se não tiver nenhuma Moeda, vá para o **16**.

70

Você sai da caverna e segue por um atalho curto. Ele leva até uma porta de ouro, onde há uma grande aldrava. Esta tem a forma parecida com um 8. Você bate na porta e ela se abre. Você entra. Você está no Covil de RA. Vá para o **73**.

71

A Bruxa, zangada porque você sabe como calcular a média, grita: "RA vai dar um jeito em você!". Daí, ela pega uma das vassouras e sai voando. Ela deixa o Cetro para trás. Você pode pegá-lo – **107** – ou deixá-lo lá – **64**.

72

Você revolve a Areia e descobre um tubo de metal. Dentro do tubo, há um pedaço de papel. Você pode examinar o papel no **118**. Depois de ter estado no **118**, vá para o **54**. (Anote esses números!)

73

O Covil de RA é enorme. Do outro lado da sala você vê RA. Finalmente, você o encontra! Ele é um bruxo mal-encarado. "Ah! Então é você quem está tentando atrapalhar os planos do grande RA! Eu voltei da Mansão dos Mortos para destruir os Números do Mundo. Você se encontrou com muitas das minhas criaturas. Você até derrotou meu Dragão. Mas não pense que vai derrotar RA tão facilmente!"

Dizendo isso, RA aponta o dedo indicador da mão direita em sua direção, e um raio de luz, vermelho, golpeia o chão na sua frente. Ouve-se um estalo, e a energia produz uma rachadura no assoalho. Logo surgem rachaduras mais profundas. Para chegar até RA, você terá de passar pelas rachaduras. Terá de usar números para passar por elas. Você conseguirá fazer isso com "Números Cruzados". Eles são como palavras cruzadas, só que usam números. Vá para o **84**.

74

Você olha em volta da sala e vê uma porta. Olhando para fora, vê o Camelo Que Conta mascando. A porta que você vê é a mesma pela qual entrou. Você examina as outras paredes da antecâmara, e uma delas parece mostrar o contorno de uma porta. Você tenta abri-la e acaba quebrando a unha! Então, percebe um número ao lado do contorno da porta. É o número 21. No chão, em frente ao contorno da porta, você vê alguns quadrados. Cada um deles tem um número. O aspecto geral é mais ou menos assim:

a)	28	45	8	2	34
b)	56	87	38	124	112
c)	3	217	67	7	29
d)	14	53	3	19	4

Você precisa pisar em alguns quadrados para abrir a porta. Escolha um número de cada fileira. Comece pela fileira "a". Você tem de terminar com o número 21. O Código do Papa-Números vai ajudá-lo. Verifique sua Lista de Equipamentos. Se tiver o Código, vá para o **75**. Se não tiver, tome nota deste número (**74**) e vá para o **85**. Quando estiver de posse do Código, volte para cá.

75

Examine o Código no **76**. Quando você tiver descoberto o que fazer, anote os números dos quadrados sobre os quais vai ter de pisar. Anote um de cada fileira.

a) _____   b) _____   c) _____   d) _____

Se tiver acertado, vá para o **97**. Se tiver errado, continue tentando até conseguir os números certos.

76
O Código do Papa-Números

Eis aqui um meio de descobrir o Código no chão da antecâmara. Você precisa encontrar um número (quadrado) de cada fileira. Primeiro, subtraia um dos números da fileira "b" de um dos números da fileira "a" (a – b). Se você escolheu o número certo, terá agora um dos números da fileira "c" (a – b = c). Então, multiplique esse número por um dos números da fileira "d" (c × d). Se os seus números estiverem corretos, você deverá ter 21! O Código é a – b = c, depois c × d = 21.

a)	28	45	8	2	34
b)	56	87	38	124	112
c)	3	217	67	7	29
d)	14	53	3	19	4

77

A resposta para 1 era 77. A resposta para 11 x 7 é 77. Foi dito a você para ir para o **77**. Esquisito, não acha? Agora faça estas operações:

```
  56        38        98       123      770 | 10
+ 21      + 39      - 21     - 46      ─────
─────     ─────     ─────    ─────
```

Qual é a resposta para todas essas operações? _____

Você vê que a distância entre o Altar de RA e o Covil de RA é 77 também (dê uma olhada no **110**, se tiver necessidade de refrescar a memória). Os degraus devem levar até o Altar de RA. Você começa a descer por eles. Vá para o **78**.

78

A escada dá voltas e mais voltas. Você conta os degraus. São 77! Ao se aproximar da base da escada, ouve o som de tambores e de vozes cantando. Ao chegar mais perto, você pode ouvir as palavras do cântico mais claramente.

> *Sete vezes sete, sem parar, rodamos;*
> *Sete vezes sete o chão beijamos;*
> *Sete anos e sete após;*
> *Sete e sete desde os tempos dos faraós!*

Você não tem muita ideia do que tudo isso significa. (Descobrir o que significa "desde os tempos dos faraós" talvez ajude.)

Você chega a uma enorme porta de carvalho, mas não consegue abri-la. Na porta, vê esses números. É a tabuada do sete. Você terá de completar a tabuada para que a porta se abra.

1 × 7 = 7   4 × 7 =   7 × 7 =   10 × 7 = 70
2 × 7 = 14   5 × 7 = 35   8 × 7 =   11 × 7 = 77
3 × 7 =   6 × 7 =   9 × 7 =   12 × 7 =

Quando você tiver completado a tabuada, pode ir para o **86**.

79

Você arremessa os seus Parênteses com grande destreza. Alguns dos Morcegos são obrigados a desviar. No fim, você consegue espantar todos eles.

A passagem está silenciosa novamente. Você percebe que as paredes da caverna estão pretas e chamuscadas. Sente um forte cheiro de queimado. No fim da passagem, chega a três lances de escada. Você pode tomar:

- o da esquerda – vá para o **4**
- o da direita – vá para o **33**
- o do meio – vá para o **93**

80

Você terá de voltar para ver se consegue encontrar uma Moeda. Vá para o **13**.

81

Graças às contas de dividir que você faz, as Aranhas Divisoras batem em retirada. Uma delas, antes de desaparecer, grita com voz de taquara rachada: "Você não vencerá a próxima batalha! Prepare-se para enfrentar seu fim!".

Você ouve um barulho vindo da salinha. Seria a Múmia? Talvez ela esteja acordada. Ela poderá avançar sobre você, como acontece nos filmes de horror! O barulho aumenta. É o barulho de dentes trincando. O Canzarrão Multiplicador se posiciona em um dos lados da porta, e você vai para o outro lado. Fica de prontidão para o que der e vier. Empunhando sua Espada de Multiplicação, você se prepara para saltar sobre o-que-quer-que-surja. (Mas... seria isso conveniente, depois do que aconteceu da última vez?) Você dá um tempo. Um par de olhos fita-o com espanto. É o Papa-Números. Ele mudou de ideia e vem seguindo você desde o começo.

Ainda bem! Ele pode ajudá-lo contra o Dragão. Você tem vontade de dar um pito nele, por tê-lo seguido sorrateiramente, mas, na verdade, você está feliz com a chegada do Papa-Números. Você dá um tapinha na cabeça dele e diz: "Oi, Papa-Números, que bom ver você!". Anote Papa-Números em sua Lista de Equipamentos e vá para o **114**.

82

Você pega tudo o que pode do tesouro. Põe nos bolsos alguns sacos de Moedas de ouro. Também pega algumas joias. Em seguida, precisa seguir pela outra passagem. Se você esteve lá antes, volte novamente. Agora você possui uma Moeda! Vá para o **69**.

83

Você concorda em prestar ajuda. O Sacerdote do Gráfico de Barras fica muito agradecido. Ele lhe dá um presente. É uma Bússola. Anote Bússola em sua Lista de Equipamentos. Ele dá, também, alguns números para o Papa-Números mastigar. O Papa-Números fica contente, mas, depois de algum tempo, se aborrece. Os números são 7, 77, 777 ou 7.777!

O Sacerdote do Gráfico de Barras acompanhará você em seu caminho para libertar as crianças. Vá para o **96**.

84
Os Números Cruzados de RA

Faça as operações e escreva os números nos espaços.

Dicas:

Verticais

1. 5 + 60 + 300 + 2.000
2. 5 × 9
3. 2:35 da madrugada, em um relógio de 24 horas
4. 81 ÷ 9
6. 9.732 − 4.186
9. O número de dias em um ano
10. Dezembro é o ___ mês do ano

Horizontais

2. (2 × 80) ÷ 4
5. 25 × 21
7. 1/2 de 124
8. Quantos centavos há em R$ 3,50?
9. Some 10 com 344
10. Área de um quadrado com lados de 4 m
11. O número de minutos em uma hora
12. O perímetro de um retângulo de 400 m × 225 m

Confira seus números para ver se estão corretos. Se não estiverem, tente de novo. Quando todos estiverem corretos, vá para o **105**.

85

O Papa-Números entrou na Pirâmide com você. Ele não se sente bem em ambientes fechados. Depois de algum tempo, fica assustado e quer sair. Você diz a ele para esperá-lo fora da Pirâmide. Antes de ir, ele lhe dá um Código, para ajudá-lo na Pirâmide. Escreva o Código do Papa-Números em sua Lista de Equipamentos. Você pode consultar o Código no **76**, quando quiser. O Papa-Números nada mais pode fazer por você no momento. Volte para o **25**.

86

A porta se abre sozinha. Lá dentro você vê uma sala iluminada por tochas. As tochas são vermelhas e soltam uma fumaça densa. Em um dos lados da sala vê-se um altar. É um bloco de pedra, preto. Sobre o altar há pilhas de livros de matemática. Sete homenzinhos caminham, sem parar, em volta do altar. Todos eles têm olhos desmesuradamente grandes.

Eles se viram e olham para você. Todos, ao mesmo tempo, cantam: "Quem vem até a Morada dos Sete Sacerdotes do Gráfico de Barras de RA?!".

Você pensa consigo mesmo: "Quem é RA? O que são os Sacerdotes do Gráfico de Barras?". O que quer que eles sejam, você precisa fazê-los parar. Eles estão prestes a queimar os livros de matemática. Dando um passo à frente, você diz: "PAREM!".

Os homenzinhos olham uns para os outros, e o menorzinho deles diz: "Será que este é o Escolhido? Nós temos de testá-lo. Qual é o número mágico de nossa invocação?".

Escreva o número aqui: _____. Agora, vá para o **20**.

87

Você sai para um espaço amplo de chão pedregoso e se encontra no alto da Pirâmide, ao ar livre. As pedras exalam um cheiro de queimado. Elas foram queimadas pelo Fogo do Dragão. Você está no Esconderijo do Dragão! É aí que ele mora. Ele vem voando e pousa no topo da Pirâmide. Essa pequena plataforma não pode ser vista da base da Pirâmide.

Espalhados por todos os lados, você vê cinzas e números mastigados. Então, ouve um forte bater de asas. Olhando para cima, vê o Dragão descendo, lentamente, para o Esconderijo. As asas dele brilham ao sol, e a irradiação das cores proporciona um espetáculo semelhante ao de um pôr do sol. A face do Dragão, entretanto, é retorcida e indica perversidade. "Então", ele ruge, "você tem a ousadia de invadir meu Esconderijo! Eu avisei que ia dar um jeito em você, não avisei?" Vá para o **89**.

88

Você se aproxima para dar uma olhada. Parece que eles encontraram alguma coisa. É uma placa de pedra, na qual há algo escrito. Após um exame rápido, você percebe que é uma Explicação sobre Áreas. Anote Explicação sobre Áreas em sua Lista de Equipamentos. Você pode valer-se dela, a qualquer momento, no **50** (tome nota do número). Agora, você pode ir para o **94**.

89

O Dragão cospe um jato de Fogo cheio de Números incandescentes. O Papa-Números começa a mastigá-los. Muitos Números são moídos, mas, ainda assim, o jato de Fogo consegue ultrapassar o Papa-Números e vir em sua direção. Você vai precisar de algo para se proteger. Verifique sua Lista de Equipamentos. Você tem o Óleo para Queimadura de Número? Se não tiver, tome nota deste número (**89**) e vá para o **115**. Se você tiver o Óleo, vá para o **90**.

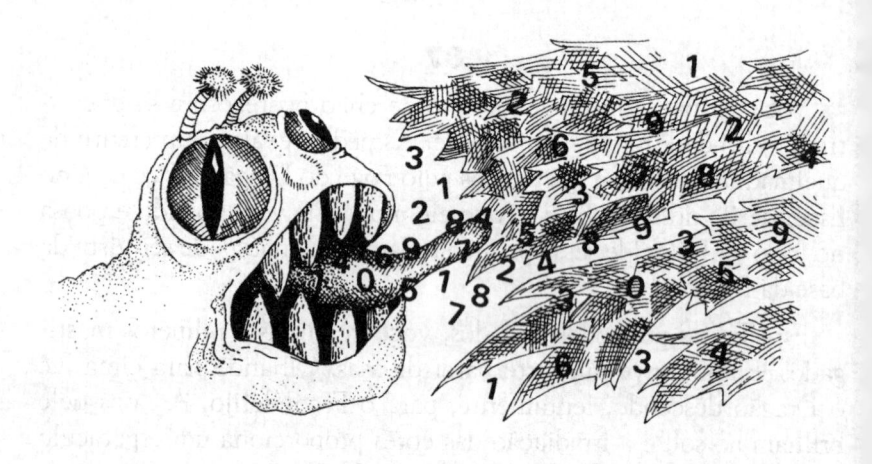

90

Você passa um pouco de Óleo sobre a pele. Isso alivia a dor. Você vai ter de ajudar o Papa-Números a acabar com os números e precisa ser rápido. Cronometre seu tempo ou peça a alguém para fazer isso por você. Você tem de executar estas operações em menos de 120 segundos! O Canzarrão Multiplicador pode dar uma mãozinha.

Pronto?... COMECE!

a) 7 + 4 = ____ **b)** 17 − 6 = ____ **c)** 5 × 6 = ____
d) 24 ÷ 6 = ____ **e)** 12 + 34 = ____ **f)** 45 − 23 = ____
g) 7 × 3 = ____ **h)** 120 ÷ 10 = ____

Confira suas respostas. Se elas estiverem corretas e você tiver efetuado as operações em menos de 120 segundos, vá para o **92**. Se cometeu erros, continue tentando e, quando você for capaz de fazer os cálculos em menos de 120 segundos, vá para o **92**.

91

Você usa o que aprendeu no **49** para fazer estas multiplicações:

$367 \times 5 =$ $\qquad$ $642 \times 4 =$ $\qquad$ $583 \times 6 =$

$943 \times 3 =$ $\qquad$ $455 \times 2 =$ $\qquad$ $723 \times 7 =$

$121 \times 9 =$ $\qquad$ $432 \times 8 =$ $\qquad$ $324 \times 6 =$

Se você fez tudo certo, vá para o **99**. Se cometeu erros, vá para o **18**.

92

Você consegue parar o Fogo do Dragão por algum tempo. O Dragão dá a impressão de estar flutuando no ar. Ora ele está lá, ora desaparece. Isso é muito esquisito. É como se ele estivesse indo a algum outro lugar. O Dragão está entrando e saindo do Tempo. Você tem o Relógio do Tempo? Verifique sua Lista de Equipamentos. Se tiver o Relógio, vá para o **7**. Se não tiver, tome nota deste número (**92**) e vá para o **115**.

93

Você escolhe a escada do meio e sobe. Ela é de mármore e em caracol. Ela dá voltas e mais voltas. Finalmente, você vê a luz do dia, no topo da escada. O mau cheiro fica mais forte. Vá para o **87**.

94

Você terá de encontrar um meio de atravessar o Lago. Exatamente na hora em que está pensando nisso, a Cobra Calculadora o chama para ver uma coisa. Atrás de uma pedra, você encontra uma grade. Ela irradia uma luz verde que tremula no ar. Vá para o **98**.

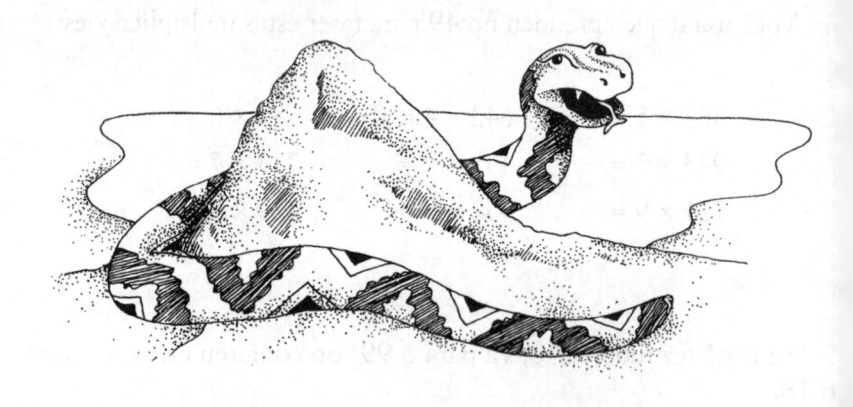

95

Você diz ao Sarcedote do Gráfico de Barras que não vai ajudar. Ele fica triste, mas deixa você seguir. Vá para o **96**.

96

Você sai da sala onde está o Altar de RA, por uma porta que tem a forma de um sete. Por ela, você entra em uma passagem comprida. Anda bastante. Finalmente, sente uma brisa no rosto. De repente, a passagem se abre em um espaço bastante amplo. Você levanta o Globo da Luz Perpétua e percebe que chegou a uma imensa caverna subterrânea. A caverna é tão grande que você não consegue ver as paredes. A sensação é a de que uma corrente de ar passa pela caverna. Deve haver pequenos buracos nas paredes.

Você olha para baixo e vê que a luz que carrega é refletida por uma superfície brilhante. É água. Você se encontra em um Lago Subterrâneo. A água é gelada e parece bem profunda. O Lago se estende pelo espaço aberto. O lugar dá a impressão de ser mal-assombrado. Você olha ao redor. O Papa-Números está tentando mastigar alguns números. O Canzarrão Multiplicador está tentando multiplicá-los. Nenhum dos dois está se saindo muito bem. Você pode ir ver o que há com eles – **88** – ou continuar – **94**.

97

Você pisa nos quadrados 45, 38, 7 e 3 (45 – 38 = 7, depois 7 × 3 = 21). Ouve-se um estalo e um rangido. O contorno se move. Em seguida, uma porta aberta aparece na fachada da rocha. Em frente, pela porta aberta, você vê um túnel e, ao entrar nele, topa com estas palavras escritas na parede:

> Cuidado com o
> Canzarrão Multiplicador Ele o
> esmagará com um único bote

Acima do que está escrito, um pedacinho de rocha, parecido com um botão, sobressai do resto da parede. Você pode ir em frente – **112** – ou apertar o botão – **129**.

A grade é assim:

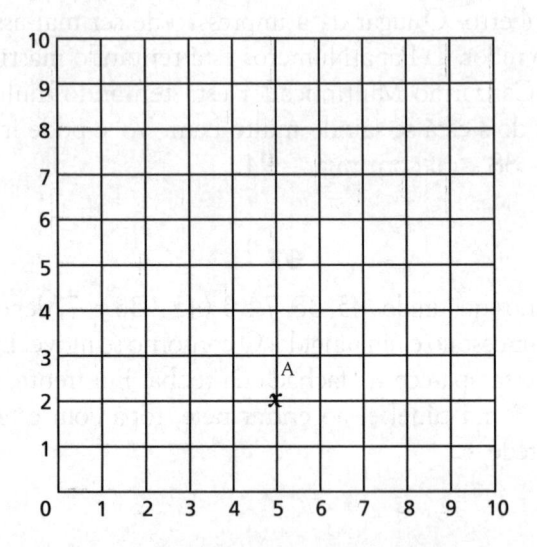

Agora, leia o que vem a seguir e marque algumas coordenadas na grade. Usa-se um par de números ou coordenadas para encontrar um ponto na grade. Encontre essas coordenadas, marque-as com uma cruz e dê a elas uma designação (A, B, C etc.).

Em seguida, una-as, traçando uma linha entre as cruzes em *ordem alfabética*. Aqui estão as coordenadas. A primeira já foi feita, para mostrar a você como a coisa funciona. Faça sempre a horizontal primeiro e depois a vertical.

A (5,2)   5 quadrados na horizontal,   2 quadrados na vertical.

B (1,2)   F (5,2)   J (5,8)

C (3,0)   G (5,9)   K (1,3)

D (7,0)   H (7,9)   L (9,3)

E (9,2)   I (7,8)   M (5,8)

Quando você tiver marcado as coordenadas e unido as cruzes, deverá ver algo que vai ajudá-lo.

Escreva aqui o que é: _____

Agora, vá para o **116**.

99

Só mesmo fazendo contas de multiplicar com três algarismos foi possível deter um cão de três cabeças. O Canzarrão abana o rabo e deixa você passar. Na verdade, o que ele quer é ir com você. E você acaba de conquistar um amigo! Escreva Canzarrão Multiplicador em sua Lista de Equipamentos. Agora, vá para o **100**.

100

Ao seguir pela passagem, você vê alguma coisa escrita na parede e lê:

Quando você chegar aos cinco caminhos ache o caminho marcado com 1.927

Logo adiante, a passagem se divide em cinco caminhos diferentes. Por qual deles você quer seguir? O Canzarrão Multiplicador dá um salto e se posta em frente a um dos caminhos. Cada caminho tem alguns números nas paredes. São cálculos. Você terá de fazê-los para poder escolher o caminho certo. Você pega sua Espada de Multiplicação e, dessa vez, vê estas palavras:

Multiplicação por 2 algarismos
Ex.: *multiplique 26 × 35*

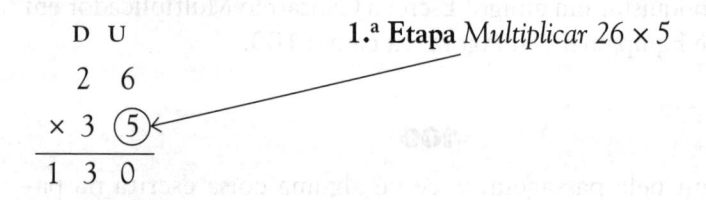

```
  D U              1.ª Etapa Multiplicar 26 × 5
  2 6
× 3 ⑤
─────
  1 3 0
```

```
  D U              2.ª Etapa Multiplicar 26 × 30 (3 Dezenas)
  2 6
× ③ 5
─────
  1 3 0   (26 × 5)
  7 8     (26 × 30)
```

```
  D U              3.ª Etapa Somar as respostas da...
  2 6
× 3 5
─────
  1 3 0 ←─ 1.ª Etapa e
+ 7 8   ←─ 2.ª Etapa
─────
  9 1 0   (26 × 35)
```

Agora você pode fazer os cálculos dos cinco caminhos. Esses cálculos são:

Caminho 1   26   Caminho 2   43   Caminho 3   47
          × 35   × 19   × 41

Caminho 4   256   Caminho 5   768
          × 76   × 65

Agora, examine suas respostas. Que caminho você vai escolher? Se estiver pensando em ir pelo Caminho 1 ou pelo Caminho 2, vá para o **17**. Se estiver pensando em ir pelo Caminho 3, vá para o **142**. Se estiver pensando em ir pelo Caminho 4 ou pelo Caminho 5, vá para o **57**.

101

Você olha pelo buraco aberto na parede. Lá fora só vê mais Areia, nada além disso. Vá para o **70**.

102

Você vai precisar da Explicação sobre Áreas. Vá buscá-la no **88**. Dali, volte para o **51**.

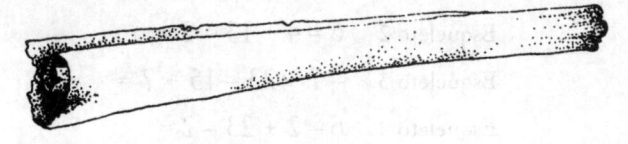

103

O Papa-Números tenta destruir a porta a dentadas. Acaba machucando os dentes. A porta não é feita de números. Volte para o **16** e tente novamente.

104

Você pega uma das Moedas de ouro que encontrou na Sala do Trono e a coloca na fenda. Ouve-se um estalo, e a porta se move para um lado. Você sente um fedor que vem do fundo da sala preta mais adiante. Dentro, na escuridão, percebe algumas formas brancas. Para iluminar o local, levanta o Globo da Luz Perpétua e vê que a sala está cheia de esqueletos. Você acaba de encontrar a Sala dos Esqueletos.

Os esqueletos ficam contentes de ver você. Eles foram sepultados vivos na Pirâmide, junto com RA. Eles estão loucos para falar com alguém.

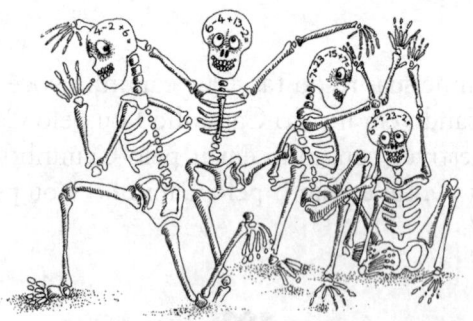

Alguns deles começam a dançar ao seu redor. Eles se sacodem desajeitadamente e seus ossos fazem um barulho semelhante ao de um chocalho. Eles estão executando a Dança dos Números. Nos ossos dos Esqueletos há números. Enquanto eles dançam, você terá de calcular o total dos números de cada Esqueleto. No Esqueleto 1 você vê 4 – 2 + 6. Isso dá um total de 8. Agora, calcule o total destes:

Esqueleto 2 6 – 4 + 13 – 2 =
Esqueleto 3 – 7 + 23 – 15 + 7 =
Esqueleto 4 6 – 2 + 23 – 2 =

Confira suas respostas. Se elas estiverem certas, os Esqueletos vão parar de dançar. Eles decidem fazer um intervalo. Trazem uma bandeja com mercadorias. Você pode comprar algumas coisas – vá para o **113** – ou recusar-se a comprar qualquer coisa – vá para o **22**.

105

Você usa os números para passar sobre as rachaduras do assoalho. RA está danado da vida. "Agora você vai morrer. E terá de resolver os Problemas de RA! Ninguém jamais conseguiu fazer isso e sobreviver para contar a história."

Com um passe de mágica, RA faz aparecer no ar, diante de você, algumas palavras e números. Vá para o **108**.

106

O Camelo Que Conta não entrou com você na Pirâmide. Ele disse que de maneira alguma iria combater um Dragão. E nem se mexeu. Com a maior cara de pau disse que, se lhe desse na cabeça, o máximo que poderia fazer era esperar por você do lado de fora. Não conte com ele. Volte para o **25**.

107

Você pega o Cetro. Anote O Cetro de RA em sua Lista de Equipamentos. Mais tarde ele poderá ser de grande utilidade para você. Então, você se prepara para deixar a Sala do Trono. Vá para o **82**.

108

Você tem a Mensagem do Sumo Sacerdote dos Números? Verifique sua Lista de Equipamentos. Se tiver, vá para o **119**. Talvez você queira ler a mensagem de novo no **118**. Se você não tiver a mensagem, vá para o **72** e procure-a na Areia. Volte aqui, se já tiver resolvido o problema da Areia do Tempo.

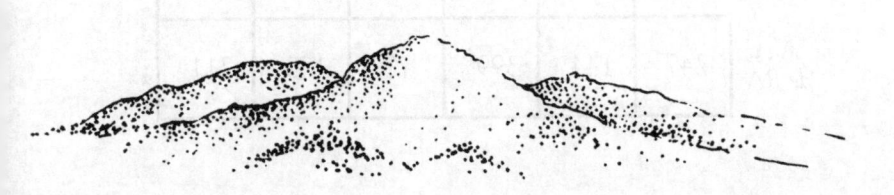

109

Você enfia a mão lá dentro, para pegar o pergaminho. Percebe que ele é velho e está todo empoeirado. Você o retira de lá com todo o cuidado. É a Tabela de Distâncias. Anote Tabela de Distâncias em sua Lista de Equipamentos. Você pode consultá-la a qualquer momento no **110**. Registre o número 109 em sua Lista de Equipamentos. Agora, volte e escolha novamente no **143**.

110
A Tabela de Distâncias

A Tabela de Distâncias mostra as distâncias para lugares da Pirâmide. A tabela indica as distâncias em metros.

					Túmulo da Múmia
				Esconderijo do Dragão	220
			Covil de RA	163	146
		Lago Subterrâneo	422	270	490
	Sala dos Esqueletos	416	87	146	74
Sala do Trono	302	186	286	168	376
Altar de RA	247	144	399	77	153	211

Como usar a Tabela de Distâncias

Digamos que a pergunta seja qual a distância entre o Covil de RA e a Sala do Trono. É só você seguir as setas assim:

Setas à esquerda

a) Ache a Sala do Trono

b) Siga a seta no sentido horizontal de **302** para **286**

Setas à direita

a) Ache o Covil de RA

b) Siga a seta no sentido vertical de **422** para **286**

			Túmulo da Múmia
	Esconderijo do Dragão	220	
	Covil de RA	163	146
Lago Subterrâneo	422	270	490
Sala dos Esqueletos	416	87	146	74
Sala do Trono	302	186	**286**	168	376
Altar de RA	247	144	399	77	153	211

Onde as setas se encontrarem, no sentido horizontal e no vertical, essa é a distância – **286**.

111

Use a Tabela de Distâncias (110) para responder às perguntas abaixo:

1) Qual é a distância entre o Altar de RA e o Covil de RA? _____

2) Qual é a distância do Lago Subterrâneo até o Túmulo da Múmia? _____

3) Qual é a distância total para cada um dos seguintes percursos?

   a) Altar de RA ——> Sala dos Esqueletos ——> Túmulo da Múmia _____

   b) Sala do Trono ——> Lago Subterrâneo ——> Esconderijo do Dragão ____

4) Qual é o percurso mais longo: a Sala do Trono até o Covil de RA ou o Esconderijo do Dragão até o Lago Subterrâneo? _____

5) Quantos metros ele é mais longo? _____

6) Qual dentre as respostas é igual ao resultado de 11 × 7? _____

Agora, confira suas respostas. Se elas estiverem corretas, vá para o **77**. Se você cometeu pelo menos um erro, vá para o **121**.

112

Você segue pela passagem. Ao se aproximar do fim dela, um cachorro enorme surge em sua frente, bloqueando o caminho. Ele tem duas cabeças! As cabeças rosnam e abocanham o ar de modo ameaçador!

Que susto! É o *Canzarrão Multiplicador*! Você terá de fazer algumas multiplicações com números de dois algarismos para manter essa fera a distância. Ao ver que ela se aproxima de você, faça estas operações:

$$34 \times 2 = \qquad 34 \times 3 = \qquad 45 \times 4 =$$
$$50 \times 5 = \qquad 63 \times 6 =$$

Se você fez tudo certo, vá para o **120**. Se cometeu algum erro, vá para o **18**.

113

Os Esqueletos estão felizes. Muitos deles tinham sido donos de lojas antes de morrer. Eles dizem que, se você comprar alguma coisa, o deixarão continuar procurando RA. Você terá de calcular o que pode comprar. Eles lhe mostram uma bandeja com estas coisas:

Sangue de Dragão
1 vidro de 0,5 litro
36 centavos

Caramelos de Caveira
pacote com 150 g
35 centavos

Óleo para
Queimadura de Número
frasco de 100 g R$ 1,28

Chaves de Esqueletos
caixa de 325 g
R$ 1,25

Relógios do Tempo
caixa de 500 g
75 centavos

Jujubas de Múmia
pacote de 250 g
72 centavos

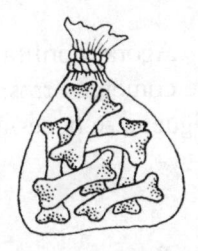

Saquinhos de Ossos
saquinho de 160 g
R$ 2,48

a) Se você comprar um de cada item, qual é o custo total? _____

b) Quanto você receberá de troco dando R$ 1,00 para comprar 2 vidros de Sangue de Dragão? _____

c) Quanto você precisa adicionar a R$ 5,00 para comprar 4 frascos de Óleo para Queimadura de Número? _____

d) Quanto custarão 80 Saquinhos de Ossos? _____

e) Os Esqueletos dizem que há uma oferta especial para o Sangue de Dragão. Se você comprar um vidro com 4 meios litros, vai pagar R$ 1,04. Quanto você economiza se comprar o vidro de 4 meios litros, em vez de quatro vidros de 0,5 litro cada? _____

f) Quanto pesam as Chaves de Esqueletos e os Relógios do Tempo (juntos)? _____

g) Quanto pesam 2 pacotes de Caramelos de Caveira e um pacote de Jujuba de Múmia? _____

h) O que pesa mais: as Chaves de Esqueletos e o Óleo para Queimadura de Número ou as Jujubas de Múmia e os Caramelos de Caveira? _____

i) Quatro itens somados juntos pesam exatamente 1 quilo (kg). Quais são eles? _____

j) Depois de você comprar um de cada item, os Esqueletos lhe dão seis moedas como troco de uma nota de R$ 10,00. Que moedas são essas? _____

Nota: 1 quilo (kg) equivale a 1.000 gramas (g).

Agora, confira suas respostas. Se acertou todas, vá para o **122**. Se cometeu erros, volte e refaça as questões que errou. Peça ajuda a alguém, se necessário. Depois, vá para o **122**.

114

Você olha em volta da enorme sala e não vê nem sinal das Aranhas Divisoras. Você vai para um dos lados da sala e levanta o globo de luz. Nada. Então, vai para o outro lado. Aí, você vê um pilar. Próximo do pilar há um grande buraco no chão. Dentro do buraco você vê alguns degraus que descem.

Em volta do pilar estão estes nomes: Lago Subterrâneo, Altar de RA, Túmulo da Múmia, Esconderijo do Dragão, Sala do Trono, Sala dos Esqueletos e Covil de RA. Para descobrir a que lugar levam esses degraus, você terá de calcular as distâncias entre eles.

Você pode usar a Tabela de Distâncias do **110** para ajudá-lo. Agora, vá para o **111**, a fim de descobrir para onde vão os degraus.

115

Você não escolheu os itens certos para comprar dos Esqueletos. Terá de voltar, para obter o item de que precisa. Em primeiro lugar, risque um dos cinco itens da sua Lista de Equipamentos. Daí, você pode voltar para o **123**. Escolha o item de que precisa e o anote em sua Lista de Equipamentos. Depois de ter obtido esse item, volte para onde estava e faça uso dele!

116

Você deve ter desenhado um barco ou algo parecido. Deve ser mais ou menos assim:

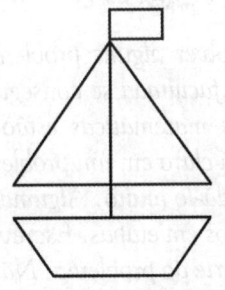

Escreva Barco a Vela em sua Lista de Equipamentos. Se fez certo, vá para o **117**. Se não desenhou um barco, volte para o **98** e tente de novo. Você não pode atravessar o Lago sem um barco.

117

O seu desenho de um Barco a Vela pouco a pouco toma forma. Por fim, ele se transforma em um barco de verdade. Você o arrasta pela areia até a beira do Lago. Você inicia a travessia do Lago Subterrâneo.

Faz frio no Lago. Um vento gelado impulsiona você para o centro do Lago. Você já não consegue mais enxergar o outro lado da caverna. Está navegando no meio de água preta. E agora? Que direção tomar? Verifique sua Lista de Equipamentos. Você tem a Bússola? Se tiver, vá para o **124**. Se não tiver, vá para o **132**.

118

No começo, você só vê letras. Depois, as letras formam palavras.

Você terá de resolver alguns problemas para vencer RA. Sua tarefa será facilitada se conseguir descobrir que operações ou tarefas matemáticas estão sendo pedidas. Nem sempre isso está claro em um problema, mas, se puder descobrir, vai ajudá-lo muito. Algumas vezes o problema pode exigir cálculos em etapas. Escreva cada operação antes de fazer essa parte do problema. Não se sinta desencorajado por coisas que não ficaram claras para você sobre as tarefas matemáticas.

É uma mensagem do Sumo Sacerdote dos Números. Anote a mensagem em sua Lista de Equipamentos e, depois, volte para onde você estava.

119

Este é o primeiro problema de RA:

Meu Dragão ia efetuar um voo para incendiar a cidade. Ele partiu de seu Esconderijo às 12:08 da tarde. Eu fui montado nele, como faço fre-

quentemente. Cheguei ao Esconderijo dele 13 minutos antes da hora da partida. O voo do Dragão durou 23 minutos. Voltamos muito satisfeitos com nossa viagem. Quando chegamos, fiquei 7 minutos conversando com o Dragão antes de fazer a viagem de 4 minutos de volta para o meu Covil.

a) A que horas cheguei ao Esconderijo do Dragão? _____

b) A que horas chegamos de volta de nosso voo? _____

c) A que horas cheguei de volta ao meu Covil? _____

d) Para ir do meu Covil até o Esconderijo do Dragão, eu levei o mesmo tempo que para voltar. Quanto tempo, no total, estive fora do meu Covil? _____

Confira suas respostas. É essencial que você tenha respondido todas as perguntas corretamente antes de continuar. RA vai aniquilá-lo se você não acertar as respostas.

Se respondeu corretamente, vá para o **125**.

120

Bravo! Você conseguiu moderar o ímpeto do Canzarrão, mas ele continua vindo para o seu lado. Você tem a Espada de Multiplicação? Verifique sua Lista de Equipamentos. Se tiver a Espada, vá para o **49**. Se não tiver, trate de ir pegá-la no **129**.

121

Você se perderá na Pirâmide, se não for capaz de calcular as distâncias. Terá de voltar para **111** e tentar, de novo, resolver as questões que errou.

122

Ótimo! Você conseguiu calcular muitos dos preços. Os Esqueletos dizem que você pode ficar com alguns itens se der Moedas a eles. Vá para o **123**.

123

Você só tem direito a levar cinco itens. Escolha-os entre Sangue de Dragão, Caramelos de Caveira, Óleo para Queimadura de Número, Chaves de Esqueletos, Relógios do Tempo, Jujubas de Múmia e Saquinho de Ossos. Escreva os cinco itens que escolher em sua Lista de Equipamentos. Depois, vá para o **3**.

124

Você pega a Bússola, em cujo mostrador estão indicados os pontos: N (Norte), NE (Nordeste), L (Leste), SE (Sudeste), S (Sul), SO (Sudoeste), O (Oeste) e NO (Noroeste).

Escreva os pontos no mostrador abaixo. Use apenas letras. O Norte já foi indicado, para ajudá-lo.

Mostrador

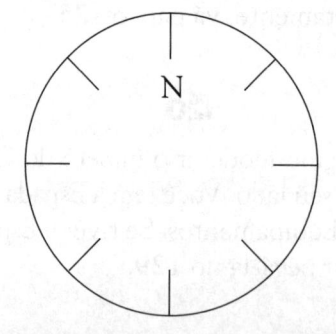

Confira suas respostas. Se você tiver colocado os pontos da Bússola nos lugares certos, pode ir para o **136**. Se errou, volte e faça as correções necessárias. Então, vá para o **136**.

125

"Ah! Você teve sorte com as respostas", grita RA, "mas vai errar o segundo problema que eu vou propor!" Mais palavras e números aparecem na parede desta vez.

Este é o segundo problema de RA:

Três dos Esqueletos da minha guarda pessoal foram buscar ouro na Sala do Trono. Eles pegaram 453 moedas de ouro. Eles encontraram um Morcego que queria levar 12 moedas de ouro. Primeiro, os Esqueletos dividiram as moedas entre si. Daí, um dos Esqueletos deu 12 moedas para o Morcego. O Morcego deixou cair 2 moedas e deu metade das que restaram para um segundo Morcego.

a) Quantas moedas tinha cada Esqueleto antes que qualquer moeda fosse dada ao Morcego? _____

b) Quantas moedas restaram para o Esqueleto que deu as 12 moedas para o Morcego? _____

c) Com quantas moedas ficou cada Morcego no final? _____

Confira suas respostas. Quando estiverem todas corretas, você pode ir para o **128**. Se precisar, peça ajuda a alguém.

126

Agora que você já se orientou, pode planejar sua rota por estas passagens e deve anotar as direções. As duas primeiras já estão feitas. Você teve de se dirigir para o Norte e depois para o Oeste para percorrer as duas primeiras passagens.

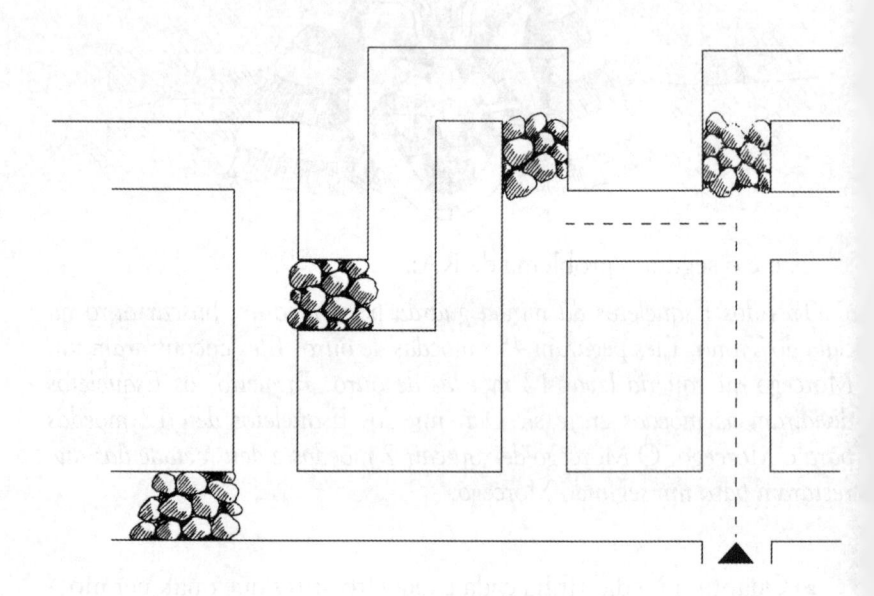

Escreva as direções aqui:

a) Norte (N)

b) Oeste (O)

c) _____

d) _____

e) _____

f) _____

Confira suas direções. Se você acertou, vá para o **127**. Caso contrário, continue tentando, até encontrar as direções corretas.

127

Finalmente, você encontra o caminho pelas passagens. Em pouco tempo, chega a uma sala. As crianças estão ali. A Múmia também está nessa sala! Provavelmente, ela deve ter sido a causadora do barulho "bate, arrasta" que você ouviu antes. A Múmia se levanta e vem desajeitadamente para o seu lado. "O que você quer?", pergunta ela com voz fanhosa.

Você diz a ela que quer de volta as crianças do Gráfico. A Múmia dá um berro de raiva. Ela tem um hálito horrível. Se o Sacerdote do Gráfico de Barras estiver com você, vá para o **21**. Se ele não estiver, vá para o **2**.

128

RA começa a espumar de raiva! Desta vez, as palavras e os números aparecem no chão.

Este é o terceiro problema de RA:

Eu roubei alguns números. Mandei os Sacerdotes colocarem os números em caixas. Eles colocaram 36 números em cada caixa. Havia 32 caixas. Então, eles colocaram as caixas em 8 fileiras.

a) Quantos números havia nas 32 caixas? _____

b) Quantas caixas havia em cada fileira? _____

c) Quantos números havia em 3 fileiras? _____

Confira suas respostas. Quando você tiver acertado (peça ajuda a alguém, se precisar), vá para o **130**.

129

Você aperta o botão. Um espaço oco aparece na parede. Dentro dele você vê uma espada. Na espada, estão escritas as palavras:

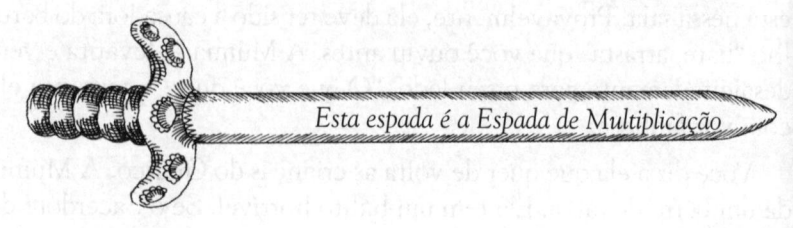

Esta espada é a Espada de Multiplicação

Escreva Espada de Multiplicação em sua Lista de Equipamentos e vá para o **112**.

130

RA está fora de si de raiva. Aos berros, ele rola pelo chão. Você acha que ele enlouqueceu. "Sorte! Sorte! Só pode ser sorte", vocifera ele. "Ninguém vai tomar de mim os números e levá-los de volta." Então, o rosto dele assume um ar matreiro, e ele diz em surdina: "Isto vai lhe pregar uma peça, seu humano!". Vá para o **131**.

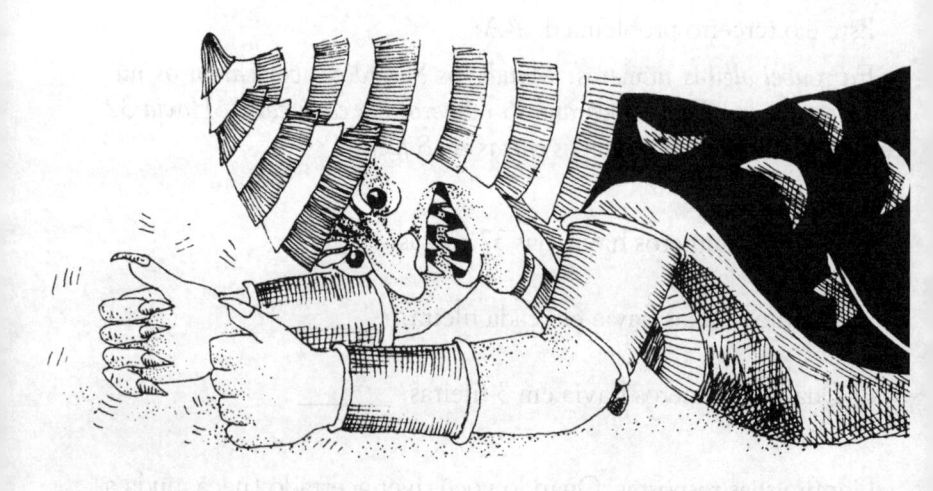

131

Este é o quarto problema de RA:

Minhas 6 sacolas de números pesam 75 g, 75 g, 80 g, 88 g, 92 g e 100 g.

a) Qual é o peso total das sacolas? _____

b) Qual é o peso médio das sacolas? _____

c) Qual a diferença de peso entre a sacola mais pesada e a mais leve? _____

Confira suas respostas no Guia do Professor e no item Respostas. Se elas estiverem corretas, vá para o **133**.

132

Você não sabe que rumo tomar. Você deixa o vento levá-lo para onde ele quiser. No fim, percebe que foi levado de volta para o lugar de onde partiu. Você vai precisar de ajuda. Então desembarca e volta para o Altar de RA. Desta vez, decide ajudar o Sacerdote do Gráfico de Barras. Vá para o **44**.

133

RA parece fraco agora. Não fala e tem a aparência de derrotado. Dá a impressão de estar sumindo. Aí, ele fica mais sólido outra vez e faz uma última tentativa. Sobre uma mesa, escrito em vermelho cor de sangue, você vê o último problema de RA. Vá para o **135**.

134

O quê?! Você recebeu tantas dicas! Os Sacerdotes do Gráfico de Barras jogam você sobre o altar e o queimam junto com os livros. Que morte dolorosa! Quer uma nova chance? Volte para o **77** e depois tente o **86** de novo.

135

Este é o quinto e último problema de RA:

Meu Covil tem 18 m de comprimento por 10 m de largura. Lá há um tapete, feito de números, de 3 m de comprimento por 2 m de largura. Em um dos extremos do meu Covil, fica minha Cadeira de Matemática. A cadeira fica a 6 m de distância do tapete, mas perto da Mesa de Operações. A mesa tem 2 m de comprimento por 2 m de largura.

a) Qual é a área do meu Covil? _____

b) Qual é a área do tapete? _____

c) De quantos tapetes eu vou precisar para cobrir todo o chão do Covil? _____

d) Quantas vezes eu terei de andar da Cadeira até o tapete para percorrer a mesma distância que o comprimento da sala?

e) Qual distância eu percorreria se andasse por toda a volta do Covil (perímetro)? _____

f) O que ocupa mais área ou espaço no chão: a mesa ou o tapete? _____

Uma vez mais, confira suas respostas. Se elas estiverem corretas, vá para o **144**.

136

Agora você consegue encontrar seu rumo. Você navega para Nordeste e, assim, vai atravessar o Lago em direção ao Túmulo da Múmia. Pouco depois, chega a uma parede de pedra, íngreme, em um dos extremos do Lago. Escavados na parede, há alguns degraus. Você sai do barco e sobe pelos degraus, tomando cuidado para não cair. Você conta os degraus – adivinha quantos? Isso mesmo, acertou: 77!

No topo dos degraus você vê uma porta bem larga. Duas estátuas de pedra estão de pé, uma em cada lado da porta. Cada estátua mede 6 metros e meio e empunha uma lança. As estátuas parecem olhá-lo com desprezo. No momento em que você se aproxima da porta, elas deixam as lanças cair, com estrondo, bem à sua frente, impedindo-lhe a passagem. Você pisou em uma pedra escondida e só conseguirá ultrapassar as lanças se pisar de novo na pedra escondida.

Você olha para baixo e vê que as pedras são numeradas de 1 a 100. Em qual delas você vai pisar? Vá para o **137**.

137

Você pisa no Número 77. As lanças se afastam. Lentamente, a porta se abre. Você entra no Túmulo. O local é frio, escuro e cheira mal. Você começa a pensar que uma Múmia vai saltar sobre você a qualquer momento. Vindo de uma das passagens, você ouve um gemido assustador. Alguma coisa vem se movendo pesadamente pela passagem à sua direita. Dá a impressão de alguém arrastando uma das pernas. Pisa forte, arrasta, pisa forte, arrasta. Vá para o **138**.

138

Você terá de achar as crianças rapidinho e topa com um labirinto de cruzamentos e voltas. Terá de usar sua Bússola (verifique sua Lista de Equipamentos), porque precisa se orientar. Isso o ajudará a decidir que direção tomar. Examine estas direções indicadas em sua Bússola:

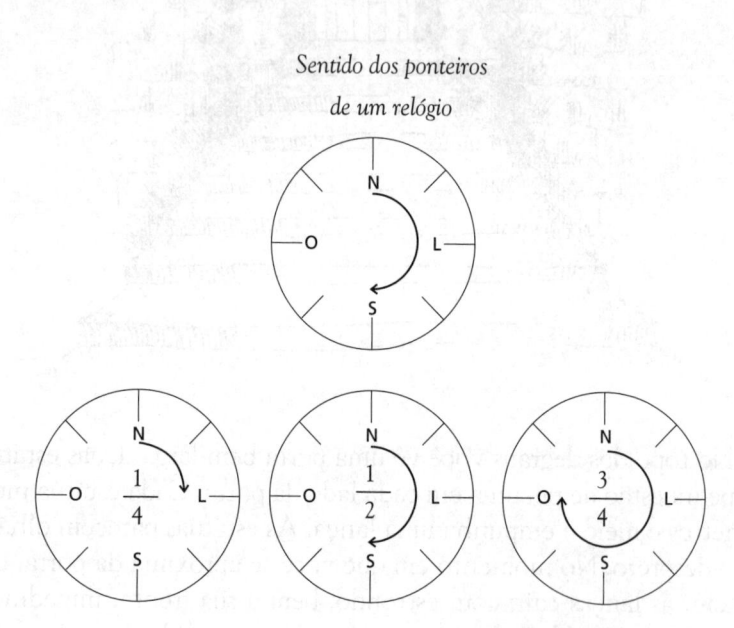

Sentido dos ponteiros de um relógio

Se você olhar para o Norte e girar, no sentido dos ponteiros de um relógio, 1/4 de volta, estará olhando para o Leste. Isso é mostrado em um dos desenhos acima. Uma volta completa é, às vezes, chamada de "uma revolução". Você pode girar no sentido dos ponteiros de um relógio (sentido horário) ou no sentido contrário ao dos ponteiros de um relógio (sentido anti-horário).

Agora, trate de se orientar no Túmulo, respondendo a algumas perguntas. Os desenhos acima o ajudarão.

a) Se você estiver de frente para o Norte e girar no sentido horário 3/4 de uma revolução, em que direção estará olhando?

_____

b) Se você estiver de frente para o Oeste e girar no sentido horário 1/2 de uma revolução, em que direção estará olhando?
_____

c) Se você estiver de frente para o Sul e girar no sentido anti-horário 3/4 de uma revolução, em que direção estará olhando?
_____

d) Se você olhar para o Oeste e girar no sentido horário até ficar de frente para o Sul, quanto de uma revolução girou? _____

e) Se você olhar para o Sul e girar no sentido horário 1/4 de revolução, em que direção estará olhando? _____

Se suas respostas estiverem corretas, pode ir para o **126**. Se cometeu erros, vá para o **14**.

139

As Aranhas Divisoras começam a subir pelas suas pernas. Elas começam a pensar em picar você. Volte e corrija suas respostas (**42**), antes de elas o picarem até a morte.

140

Você terá de voltar e conseguir os Bumerangues Parênteses. A Múmia teria pensado em dá-los a você. Volte para o **63**. Fale com a Múmia sobre matemática e, depois, siga para o **29**. Quando estiver de posse dos Bumerangues Parênteses, você pode ir para o **67**. (Faça uma anotação de todos esses números: **63**, depois **29**, depois **67**.)

141

O Dragão diz: "Tudo bem, mas isso é apenas parte do meu enigma!". Você acha muito injusto. Afinal, o Dragão não havia dito que seriam *dois* enigmas! Mas... você nem tem tempo de protestar. Tem de enfrentar o segundo enigma... JÁ! Vá para o **23**.

142

Muito bem! Este é o caminho marcado com 1.927. O Canzarrão Multiplicador abana o rabo (e as cabeças).

Você segue pela passagem. Ela se alarga à medida que você caminha. No fim, você chega a um lugar sem saída. Bem na sua frente, presa na parede, está uma grande bacia cheia de água. A bacia tem um bico, parecido com o bico de uma jarra.

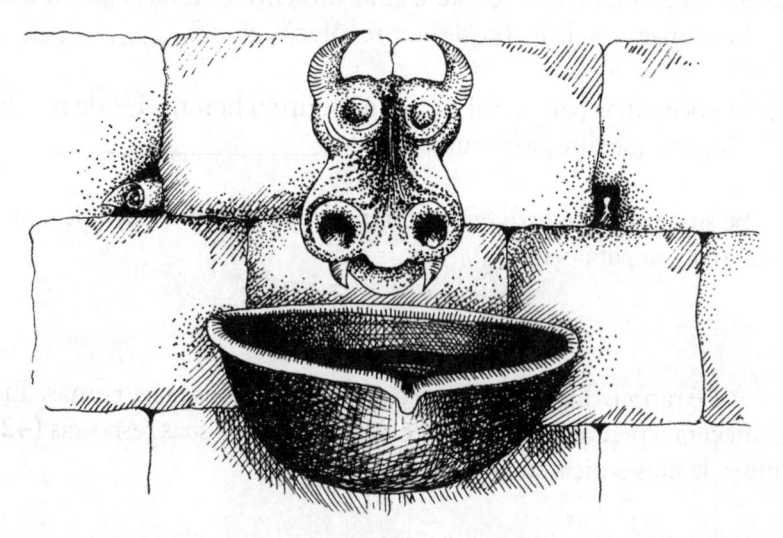

Logo acima da bacia, fica a cabeça de um Dragão. Ela é esculpida em pedra, com dois olhos vermelhos engastados na pedra. À esquerda da cabeça do Dragão, em um espaço oco na parede, você vê um pergaminho. À direita da cabeça do Dragão, vê um botãozinho, fixo na parede. Vá para o **143**.

143

O que você vai fazer? Pode:

- pegar o pergaminho – **109**
- apertar o botãozinho – **11**
- voltar pela passagem – **62**

144

Lentamente, RA vai sumindo. Você ouve um grito de raiva. Então, RA cessa de existir. Você venceu. Os Números do Mundo estão salvos. Você provou ser um Mestre em Matemática e pode se orgulhar das tarefas que realizou com números.

O Papa-Números está todo satisfeito: vai ter um montão de números para mastigar. O Canzarrão Multiplicador pode multiplicar os números para o Papa-Números. Rapidamente, você encontra um caminho para sair da Pirâmide. Os habitantes da cidade (e o Camelo Que Conta) estão lá para cumprimentá-lo. Sua aventura terminou. Você é um herói.

Fim, mas... quem sabe um dia?...

LISTA DE EQUIPAMENTOS

Aventureiro, aqui está a sua Lista de Equipamentos.

Use-a para anotar equipamentos que você encontrar durante sua viagem.

Sempre que interromper a leitura, anote o número em que você está. Assim, saberá onde parou, para continuar.

Equipamento	Número da história

Querido leitor,

A seguir, você encontra as respostas para os desafios do livro. Os números se referem ao trecho em que a tarefa aparece. Eles estão colocados na ordem em que essas operações devem ser executadas. Use as respostas para conferir se você seguiu o caminho correto para continuar nessa aventura *Mistério dos Números Perdidos*.

RESPOSTAS

46 $4 + 7 = 11$ $12 + 6 = 18$ $56 + 73 = 129$ $123 + 45 = 168$
$3 + 6 = 9$ $17 + 2 = 19$ $21 + 54 = 75$ $78 + 27 = 105$
$4 + 2 = 6$ $38 + 7 = 45$ $52 + 36 = 88$ $45 + 326 = 371$

6 $23 + 78 = 101$ $234 + 72 = 306$ $343 + 728 = 1.071$

74/75 "a" e "b": $45 - 38 = 7$
"c" e "d": $7 \times 3 = 21$

12
34	45	50	63
$\times 2$	$\times 3$	$\times 4$	$\times 5$	$\times 6$
68	102	180	250	378

113 a) R$ 7,19   b) 28 centavos   c) 12 centavos   d) R$ 198,40   e) 40 centavos   f) 825 g   g) 550 g   h) As Chaves de Esqueleto e o Óleo para Queimadura de Número i) os Caramelos de Caveira + o Óleo para Queimadura de Número + os Relógios do Tempo + as jujubas de Múmia   j) Duas moedas de R$ 1,00, uma moeda de 50 centavos, uma moeda de 20 centavos, uma moeda de 10 centavos e uma moeda de um centavo

67 a) 57   b) 63   c) 23   d) 295   e) 49   f) $(18-9) \times 7 = 63$
g) 8.500   h) 11   i) 24   j) $(12-3) \div (8-5) = 3$

90 a) 11   b) 11   c) 30   d) 4   e) 46   f) 22   g) 21   h) 12

10 a) 06:00 h   b) 09:15 h   c) 03:07 h   d) 14:54 h
e) 22:38 h   f) 12:00 h   g) 3:21 h da manhã
h) 4:38 da tarde   i) 3:41 h da tarde   j) 0:30 h
k) 6:15 h da manhã   l) 11:59 h da manhã

26 a) 12   b) abril, junho, setembro, novembro   c) janeiro, março, maio, julho, agosto, outubro, dezembro   d) fevereiro   e) 365   f) Varia   g) A data é sempre 25 de dezembro. O dia da semana varia – verifique no calendário para saber a resposta deste ano. h) Varia – verifique no calendário para saber a resposta para este ano. i) 92 j) 24 de agosto k) Verifique o calendário deste ano para saber a resposta

77 A resposta para todas as operações é 77

78
$1 \times 7 = 7$ $4 \times 7 = 28$ $7 \times 7 = 49$ $10 \times 7 = 70$
$2 \times 7 = 14$ $5 \times 7 = 35$ $8 \times 7 = 56$ $11 \times 7 = 77$
$3 \times 7 = 21$ $6 \times 7 = 42$ $9 \times 7 = 63$ $12 \times 7 = 84$

45 a) cubo   b) cone   c) pirâmide   d) cilindro

58 a) Operação: $125 g \times 14$ Resposta: 1.750 g
b) Operação: $5000 \div 125$ Resposta: 40 segundos
c) Operação: $5.000 - (125 \times 14)$ Resposta: 3.250 g

84
Vertical
1) 2.365   3) 02:35   4) 9
2) 45
Horizontal
2) 40   5) 525   7) 62   8) 350
6) 5.546   9) 365   10) 12.°
9) 354   11) 60   12) 1.250

119 a) 11:55 h da manhã   b) 12:31h da tarde
c) 12:42 h da tarde   d) 51 minutos

125 a) 151   b) 139   c) 5

128 a) 1.152 números   b) 4 caixas   c) 432 números

131 a) 510 g   b) 85 g   c) 25 g

135 a) 180 m²   b) 6 m²   c) 30 tapetes
d) 3 vezes   e) 56 m   f) o tapete

63 Quaisquer razões razoáveis. Ideias específicas incluem: contar dinheiro, fazer compras, determinar o peso, colocar carpetes, fazer medições
Ideias mais gerais poderiam incluir: engenharia, física, estatística

51 Sala 1 12 m²   Sala 2 18 m²   Sala 3 11 m²
Sala 4 10 m²   Sala 5 52 m²   Sala 6 77 m²
A Sala 6 é a maior de todas.

126 a) S   b) O   c) N   d) O

138 a) O   b) L   c) O   d) 3/4   e) O

124 Direções no mostrador da bússola

98 Um barco a vela ou algo semelhante

30 a) 7   b) 5   c) 11   d) 4   e) 27   f) 12   g) 21

42 a) 234   b) 86   c) divisão – 245   d) 119   e) divisão – 59

100 Caminho (1) 910
Caminho (2) 817,
Caminho (3) 1.927
Caminho (4) 19.456
Caminho (5) 49,920

111 1) 77   2) 490   3) a) 218   b) 456
4) Sala do Trono até o Covil de RA (286)
5) 16   6) a resposta n.° 1 é 77

91
367	1.835	2.568	3.498	2.829	910
$\times 5$	$\times 4$	$\times 6$	$\times 3$	$\times 2$	
455	643	583	642	1.944	

723	121	432	324
$\times 7$	$\times 9$	$\times 8$	$\times 6$
5.061	1.089	3.456	1.944

104 Esqueleto (2) 13   Esqueleto (3) 8   Esqueleto (4) 25

8 30

52 a) 6   b) R$ 25,00   c) 27 segundos   d) 135 cm
e) 50 moedas